【文庫クセジュ】

科学の本質と多様性

ジル＝ガストン・グランジェ著
松田克進・三宅岳史・中村大介訳

白水社

目次

序　7

第一章　「科学の時代」の諸問題　10
Ⅰ　科学の爆発的発展　10
Ⅱ　科学と日常生活　17
Ⅲ　科学という観念の大衆化　19
Ⅳ　新たな倫理的問題　22

第二章　科学的知識と技術知の相違　26
Ⅰ　古代における科学と技術知の関係――アリストテレスの考え　26
Ⅱ　経験的技術から科学的技術へ　29
Ⅲ　科学、技術、大量生産　45

第三章　方法の多様性と目標の統一性　51
Ⅰ　方法の複数性と方法論的「アナーキズム」　52
Ⅱ　科学の目標の三つの特徴　57
Ⅲ　科学の言語　67

第四章　形式科学と経験科学　76
Ⅰ　数学的対象　77
Ⅱ　数学における証明と真理　86
Ⅲ　経験科学の対象　92
Ⅳ　理論　100
Ⅴ　経験科学の命題の検証　103

第五章　自然科学と人間科学　112
Ⅰ　歴史学という極端な事例　113
Ⅱ　概念化と観察　115

Ⅲ　数学の活用　123
Ⅳ　言明の検証　130

第六章　科学的真理の進歩　135
Ⅰ　科学史の連続性と非連続性　136
Ⅱ　科学史の内的非連続性　141
Ⅲ　科学的進歩の観念　144

結び　152

訳者あとがき　155
原著者による読書案内　*xiv*
参考文献　*viii*
科学用語集　*ii*

凡例

（一）アステリスク（＊）が付された言葉は、巻末の「科学用語集」で、定義・解説が与えられている。アステリスクも「科学用語集」も原文にある。ただし、「科学用語集」の用語の並べ方は、〈ａｂｃ順〉を〈あいうえお順〉に変えた。

（二）原注はもともと少ないが、原文に書誌情報が挿入されている場合、読みやすさを考えて、しばしば、それを注として別記した。

（三）本文および注で、〔　〕で括られた箇所は、訳者による補足である。（なお、ごく稀に、引用文中に［　］で括られた箇所があるが、これは原著者グランジェによる補足である。）

（四）傍点（、ないし・）が付されている箇所は、原文では、強調のイタリック体である。

序

1. 「現代」という並外れて広々とした舞台の上では、世界中のさまざまな出し物が上演され、それらは書物やイメージを通して万人に届けられている。そして、この舞台の上で、科学という登場人物は確かにとりわけ重要な位置を占めているように見える。まず、この人物は神秘的である。なぜならば、その素顔は科学者たち以外には理解できないからである。次に、この人物は守護者である。なぜならば、私たちが生活する場所に所狭しと並ぶすばらしい機械たちは、その手によるものだからである。最後に、この人物には不審なところがある。なぜならば私たちは、科学の知が過去と未来に渡って解き放つ力が反自然的なもので、おそらくは無際限であることに気付いているからである。

科学は「征服する」としばしば言われるが、では何をどれくらいまで「征服」しているのか──それを知りたい気持ちは誰もが、その人の適性や教養に応じて抱いているようである。まさにそのような問題を考察し、素描するのがこの小著の目論みである。私はこれまでの著作ではかなりテクニカルな論述を好んできたが、本書では意図的に、そのような論述をできるだけ避けることにした。

2. 第一章は、「科学の時代」の諸問題を取り上げる。なぜそれらの問題が登場するかと言えば、それはまさに、科学が今後、個人や社会の日常生活にとって、さまざまな意味で不可欠なものだからである。これは少し以前までは全く見られなかった状況だと言ってよい。この現象は、第二次世界大戦後すぐに始まったと考えるべきだろう。おそらくその引き金を引いたのは、科学の応用が軍事技術と露骨に手を結んだこと――すなわち、原子爆弾という青天のへきれき――である。その次の段階は、ラジオやテレビの一般的浸透である。さらに最近では、生命の内密な部分〔例えば生殖や遺伝情報〕さえをも操作しようとする試みが行われている。

第二章では、この「科学の時代」に今日ではきわめて特徴的となった一つの誤謬を、その起源にさかのぼって明らかにしたい。それは、技術的な知を科学的知識と混同するという誤謬である。ここから次のような見当違いが生じることになる。すなわち、ある人々は、自分たちが科学と見なすものを言わば偶像崇拝するという見当違いをしており、また別の人々は、彼らがいう即物的な力しか持たないような世俗的知識を軽蔑するという見当違いをするのである。

さて、科学の対象が異なるのに応じて用いられる方法も多様になるが、この多元性によって提起される問題を第三章では取り扱う。主要な問題は、〔対象に応じて方法を変えるという〕この柔軟性にもかかわらず科学のうちに見出される統一性とは何を意味しているのか、というものである。

本書の中で最も長い第四章では、科学的知識の二つのタイプ――数理科学と経験科学――が示され、それらの対象および方法の相違、そしてそれらの間の関係が論じられる。

第五章では、以上の議論の延長線上で、人間的事象の科学的知識〔＝人間科学〕に特有の諸問題が扱われる。

最後に第六章では、科学的真理の進歩が説明される。ここでの進歩とは、それが引き起こすパラドックスにもかかわらず、まさしく前進である。なぜならば、従来の科学によって認められていたことが、現在あるいは将来の科学によってある意味で拒絶される、ということが十分に起こり得るからである。この「ある意味」を私たちは説明しなければならない。そして、進歩する科学的知識が基本的に堅固なものであるということを正当化しなければならない。

本書の結びでは、「科学には限界があるか」という問いに答えようと試みる。科学が取り組むことができないような特別な領域があるのだろうか。科学は、他の形態の知とどのような関係を保たなければならないのだろうか。

第一章　「科学の時代」の諸問題

I　科学の爆発的発展

二〇世紀の後半は、間違いなく「科学の時代」[1]と形容してよい。もちろんだからといって、一九世紀における科学的知識の役割と重要性が軽視されるわけではない。例えば熱力学や電磁気学が誕生したのはまさに一九世紀である。熱力学や電磁気学は、自然現象を説明し、それを産業に初めて応用するという著しい成果を上げることができた。しかし、二〇世紀後半という時代は、一九世紀に獲得されたこれらの基本的知見を継承しているだけではなく、壮大な革新および発展を生み出している。それらの革新や発展は、科学史上、その数量と多様性において例を見ないものである。そしてさらに、新しい科学的知のこのような桁外れの発展は、人間の個人的生活と社会的生活の両方に、かつて見られたことのない多大な影響を及ぼしているのである。

（1）「科学の時代」とは、一九六八年にジュール・ヴュイユマンと私が作った哲学雑誌（あまり続かなかったが）のタイトルである（出版社デュノー）。私たちはこのタイトルを一九八八年に再び採用

した〔出版社オディール・ジャコブ〕。〔参考文献【1】【2】〕

科学の最近の成果を見てみると、その一部は、すでに二〇世紀初頭あるいは一九世紀末に出された本質的アイデア――例えば、特殊相対性理論と一般相対性理論――を拡張・活用し、成熟させたものであるが、しかし他の部分は、生化学やゲノム解析といった領域に見られるような、外見上もっとラディカルな革新である。もちろん、いかなる科学的発見も決して知の真空状態から産出されたわけではない。私たちの時代のこの上なく壮大華麗な革新のどの一つを取り上げようともその誕生を用意した先駆者がいる――そう言ってしまうと確かに言い過ぎであろうが、しかし過去の歴史を見てみると、やはりその革新に繋がる多少とも明確なアイデアが見出せるものである。〔その意味で〕二〇世紀後半は、科学の革命性あるいは根本的独創性という点に関しては、必ずしも多産的であったわけではないと言ってよい。二〇世紀後半はおそらく、二〇世紀初頭あるいは一九世紀末に成し遂げられた業績にきわめて大きく依存しているのである。しかしながら、二〇世紀後半は、発展および応用という点に関しては例外的に豊かであり、まさにこの豊かさゆえにこそそれは「科学の時代」と呼ばれるのに相応しいのである。最近の科学史に属する、きわめて重要な大事件を以下にいくつか指摘しておこう。これらは順不同であり、決して網羅的ではない。

（1）最初に取り上げるのは言わばまだ「未来の出来事」であるが、とはいえ、その実現に向けてすでに本格的取り組みが行われていて、成功はまだ先のことだとしてもほぼ確実である。すなわち、利用可能なエネルギーの核融合による生産である。これは実際上無尽蔵なエネルギー源となるであろう。なぜならば水素が原料だからである。ただし、核融合で用いられる水素は自然界では希少な〔重水素および三重水素という〕形態のものである。

（2）一九六九年、米国によって月面着陸が行われ、翌年、ソ連によって月探査機「ルナ」が打ち上げられた。このようにして宇宙探査の時代が始まり、宇宙の構造に関するさまざまな発見がなされることになった。またその波及効果として、〔軍事面などの〕より世俗的な技術開発も行われた。

（3）一九六五年、「宇宙背景放射」が偶然発見された。これは、宇宙空間の全域から均等に観測される電磁波であり、そのスペクトルは、絶対温度二・七五度の「黒体*」によって放出されるものと同一である。この発見についてはさまざまな解釈がなされたが、その一つによると、この放射は、ガモフによって定式化された理論（一九四八〜一九五四年）をかなりの確率で検証している。ガモフの理論とは、宇宙はある特異点が膨張して出来上がったというものであり、その特異点はきわめて高密・高温であり、宇宙の歴史の「始まり」であって、そこでは、現在の宇宙に当てはまる物理法則とは異なる未知の法則がおそらく当てはまったとされる。このような発見および推測は、数式で表現される仮説群を生み出しただけではなく、大衆への紹介を通してさまざまな思弁をも生み出し、そのために、人間が古来「宇宙の起源」に関して抱いてきた夢想が再び活性化することになった。

（4）一九四八年、トランジスターが発明された。発明の起源は半導体*の理論にあった。この発明による実用上の成果はきわめて大きかった。というのも、トランジスターの性能や生産工程が絶えず向上されることで、医療用画像技術の開発が可能となり、ラジオとテレビの技術が革新され、コンピューターおよび各種ロボットの開発が飛躍的に推進されたからである。

（5）すでに一九二八年にフレミングがペニシリンを発見していたが、それ以外のさまざまな抗生物質も、一九四七年のクロラムフェニコールを皮切りに発見され、大規模に開発された。

（6）一九五三年、ＤＮＡの二重らせん構造が発見され、一九六一年にはそのメカニズムが解明された。その後、遺伝情報の「解読作業」が絶えず進行している。

（7）二〇世紀後半の数学における大事件を指摘するというのは無謀な企てである。なぜならば、そのような事件を表現するためには、じっくり時間をかけて、〔その事件を構成する〕さまざまな理論を一つ一つさかのぼって説明してゆかなければならないし、そのような手順を省けば、理論に登場する専門用語が何を意味するのかが分からないままになってしまうからである。また、抽象的専門化があまりにも進んだために、現代のどんなに万能で博識な数学者にとってすら、〔抽象的理論を理解するための〕道筋や導きの糸を見つけることは往々にして非常に難しい。しかしそれでも私は、一九五〇年以降に生じた重大事件の中から、とりわけ私の関心を引く三つを選んでみよう。

(a) 超関数という概念が創造されたことによって、関数および測度という概念が言わば一般化され統合されることになった(一九六〇年代)。

(b) 数学の一般的論理構造に関して、「連続体仮説」*および選択公理が集合論の古典的な諸公理から独立していることが証明された。それゆえ、集合論の内部においてはどちらも決定不可能である、ということが明らかになったわけである(一九六〇年代)。

(c) 「計算量」という概念に関する独創的かつ深遠なさまざまな成果が発表された。すなわち、抽象的なコンピューター理論によって一つの新分野が開拓されたのである。

(8) 二〇世紀後半に生じた画期的な出来事を間違いなく指摘するという作業は、自然科学と同様に人間科学の場合も非常に困難である。もっともその理由は、自然科学の場合とは異なるのであるが。いずれにせよ私は、恣意的であるかもしれないという危険性を承知の上で二つの出来事を取り上げよう。すなわち、一九四九年にクロード・レヴィ＝ストロースが『親族の基本構造』[1]を発表したことと、一九五七年にノーム・チョムスキーが『統辞構造論』[2]を発表したことである。前者は民族学において、後者は言語学において新しい領域を開拓した。もっとも、これら両者がもたらした革新は、多くの議論や反駁の的とならざるを得なかったのではあるが。

（1）〔参考文献【3】〕
（2）〔参考文献【4】〕

以上に掲げた短くてごく不完全なリストについては四つの注意が必要である。第一に、リストの物理学・化学・生物学に関する部分については、本来的な意味での科学的知識と最広義の技術的知識とが錯綜している。科学と技術のこのような結合関係が、現代科学の必然的に応用的な性格を示している、ということに疑いの余地はない。現代科学のこの側面を最初に強調した知識人の一人であるガストン・バシュラールは、とりわけ物理学と化学から取り上げた事例に基づいて、「現象工学」というものを定義した。それは、ある技術の操作との直接的関係によって「認識対象」を新たに構成していくことである。しかしそれでも、科学と技術のこのような結合関係は、なるほど相互にとって不可避的かつ本質的なものになったとはいえ、むしろ逆に、科学的思考と技術的思考との間に存する目的の根本的な差異を覆い隠してしまう危険性がある。次の章でこの点は明らかになるであろう。

第二の注意点は次のようなものである。先のリストで人間科学は、控えめにそしていくつかの留保付きで描かれているにすぎない。おそらく読者のみなさんは、〔人間科学に対する〕このような不備に異議を唱え、その原因は著者たる私の選り好みにある、と考えるであろう。しかしながら、公平な観察者ならば次のことを認めてくれるであろう。すなわち、自然科学あるいは数学の分野から先のリストに拾い上げられた発見ないし新理論の定式化と同列に扱って良いような出来事が、二〇世紀後半の人間科学に生じたとはとても考えられない、ということである。この点には〔自然科学と人間科学との間に〕非対称性が存在するのである。これについては第四章で論じる。この非対称性の結果は、人間生活に対する科学的知識の影響力の広がりおよび様式に関して一目瞭然である。

第三の注意点は重要である。科学の中でも少なくとも物理科学および生命科学は爆発的に発展したが、このような爆発的発展を説明することは可能であろうか。ほどよく整った適切な説明が「科学社会学」という人間科学〔の一分野〕によって出されている。「科学社会学」というこの学問は、今のところ、少しばかり統計学で武装してはいるものの、事実の直接的観察および常識的推論の域をほとんど超え出ていない。このような初歩的な道具立てで明らかにすることができるのは、以下のようなことがらにすぎない。すなわち、第二次世界大戦の参戦国が、敵国に対して優位に立つために技術開発を最優先したということ、そういう経緯で、応用科学研究が、原子物理学、レーダー、ロケットといった特定分野へと強力に方向付けられたということ、また、科学研究において国家予算が幅をきかすようになり、その慣習がますます広まり強まったということ――以上である。

最後に、第四の注意点は以下のようなものである。工業先進国では、専門的研究者集団が徐々に形成され、次第に巨大化した。一九八〇年のユネスコの調査によると、工業先進国では人口百万人あたり二千六百人の研究者がいた（他方、それ以外の国ではほとんどが百人を超えなかった）。一九三六年に創設されたフランス国立科学研究センター（CNRS）が抱える一九九二年時点でのフランスの研究者ないし技術者は二万六千人である。また、一九八四年時点での全ての研究機関の職員を合わせると三十万人を超える。研究関係者のこのような巨大集団化は、知識の必要性および高度専門化を考慮すればまだ不十分なものかもしれないが、私たちの社会に科学が浸透していることの――たとえ要因ではないとしても――少なくとも表れであることは間違いないのである。

II 科学と日常生活

科学が日常生活に浸透していることは一目瞭然である。なぜならば、私たちが活用している身の回りのものは科学技術による産物であり、言わば科学的思考が染み込んだものだからである。一例のみ挙げると、フランスでは千世帯のうち八九六の世帯にテレビがあり、一九八八年には七万台以上のパソコンが存した。しかし、注意しなければならないのは、科学のこのような浸透は、科学の名を出さずになされたということである。すなわち、私たちのほとんどは科学が生活にどのように介入しているかについて全く無知なのである。私たちの印象に残るのは、本来的な意味で技術的な、目に見える性能だけであるし、さらにまた、そのような性能が当初は引き起こしていた驚異の念にしても、たいていの利用者の場合、慣れによって和らげられてしまうのである。いずれにせよ、私たちが日常生活の中で科学に触れるのは、本質的には、技術製品を通してである。それゆえに、すでに強調した通り、科学的思考と技術知とを混同する危険性は大きなものとなる。

実はしかし、科学が技術を媒介として私たちの生活に浸透するという社会的現象は、比較的最近の文明になってやっと認められる特徴である。そうでなければ、そのようなありきたりのことがらを先ほどのようにわざわざ指摘しなかったであろう。古代世界においては、エジプト人やバビロニア人にとっても、さらにはギリシア人にとってもローマ人にとっても、身の回りの日常的な技術製品は、一般的に決して科学の反映ではなかったのである。確かに灌漑用水路や製粉機、織機、船舶、水時計は巧妙に設計され精緻に組み立てられてはいた。これらの事物はしばしばきわめて洗練された技術を用いて作られていた。にもかかわらず、これらのうちに、真の意味で科学的知識の応用から生まれたと言えるものは一つとしてない。例外は、黄道に対する太陽の位置を基にして日々の時間を告げ知らせる日時計および(後の時代にアレクサンドリアの技師たちによって改良された)水時計である。これらは天文学的な知に直接に依存していた。また同様に、内科および外科の技法も、確かに、ほぼ現代的な意味での科学的知識を想起させるものではあった。しかしながら、科学と技術が分かちがたい絆によって真に結びつけられるのは、それよりもはるかに後、一七世紀末以降のことである。今日の技術的躍進が科学的知識の進展を反映していることは誰の目にも明らかである。だがそれにもかかわらず、技術と科学の関係がどういうものであるか、またその関係がどれほど強力なものであるかは、大多数の人々にとって依然として謎めいているのである。

III　科学という観念の大衆化

私たちの時代には、日常生活の中に科学が「名を出さずに」浸透していることとは別の特徴もある。それは、科学的思考のイメージがほとんど至るところに現れるということである。しかし、それらのイメージには統一性が欠けている。現代人の大半が科学について抱いているイメージは、さまざまなレベルにおける大衆化（ないしは流布）に由来している。この大衆化の媒体となっているのは新聞、週刊誌、ラジオ、テレビである。多少とも確かで多少とも重大な「発見」が報じられる場合には、たいていこれらの媒体が活躍する。しかし他にも媒体はある。すなわち、予備知識の量にばらつきのある一般大衆向けに書かれたおびただしい数の著作や特集記事である。こういった公刊物はすでに一九世紀には存在していたが、その数量は現在に比べればはるかに少なかったし、対象とされる読者層も、ごくわずかな教養人にすぎなかった。科学を普及させる文献が〔二〇世紀になって〕増大したのは、「科学ジャーナリスト」の層が形成された――あるいは、ともかくも拡大した――ことと同時である。科学ジャーナリストこそが大衆一般に、良きにつけ悪しきにつけ、科学の観念を実際にもたらしたのである。「良きにつけ」というのは、彼らがしかるべき能力をもち誠実な場合である。そのようなとき彼らは、独断を避けて思慮深く、何らかの発見あるいは理論を、特別な教養のない大衆にも分かるように解説するのである。「悪しきにつけ」というのは、センセーショナリズムに走る場合である。そのようなとき彼らは、科学における事件に色付けし、それが驚異や神秘、あるいは途方もないものであるように見せる一方で、それらを人々に理解させること、それらを評価することには一向に努力を払わないのである。

以上のようなことが原因で、現代人の大多数が科学について抱きそうな観念は全く種々雑多なものとなっている。ある人々は、科学の力に注目し、それを恐れるか、あるいは逆に、素朴に敬い奉っている。これとは対照的に別の人々は、科学の驚異的な側面を取り上げて、何の躊躇もなく科学を魔術と関連づけると同時に、合理的批判精神などそっちのけで、相互に矛盾しているありとあらゆる科学信仰に飛びついてしまう。そして、このような抑制されない科学信仰が、曖昧な科学観によって支えられている神秘趣味をくすぐることになる。人々は無批判的に、空飛ぶ円盤、超常現象、星占いといったお話を受け入れてしまうのである（ちなみに星占いは、実際に科学的な計算に依拠してはいる。天体からの影響力ではなく、任意の時点での天体の位置関係に関する計算である）。人々はこういったことがらを信じる根拠を次のように言い立てるであろう。技術活用されている科学的事実が不可思議でないとするならば、結局のところこれらの〔神秘的〕事実だって、同様に不可思議なものではないのだ、と（言わば「知らぬが仏」である）。しかし他方で彼らは、このこととは矛盾する次のようなことをも前提としている。すなわち、これらの〔神秘的〕事実は科学によっては手の届かない領域に属している、ということである。このようにして、至るところで現れる科学の観念が大衆化することによって、未解明の理解しがたい事実に関しては、科学的観点から見て倒錯的な態度が誘引されてしまいかねないのである。

しかし、科学という観念に正しく通じているかどうかが最もはっきりと分かるのは、まさしく新奇な科学的説明に対してどのように対応するかという局面においてである。このことについて数学者・哲学者のルネ・トムは次のように書いている。

「科学的素養がある人というのは、最新の科学的成功の報に接して、ことの本当の重大さを評価でき、懲りもせず繰り返される誇張の側面を考慮できる人のことである。大衆的な雑誌のたぐいは――それどころか、時には学問的な書物でさえも――発見の重要性を評価するにあたって誇張してしまうものなのである。[1]」

（1）『科学と技術の状態』〔参考文献【5】〕、一四七頁。

人は自分にそのような判断能力があるなどとあまりにも性急に自惚れてはならないが、しかしおそらく、そのような能力を持つために百科全書的な知識が必要になるわけでもなかろう。これはトムが認めるところでもある。そのような能力を持つために必要なのは、少なくとも、科学とは何を意味するのかについて適切で節度ある観念を抱いていることである。そして、「科学の時代」を生きているからといって、この観念をたやすく形成できるという保証は全くないのである。

Ⅳ　新たな倫理的問題

「科学の時代」の最重要な特徴の一つをいまや強調しなければならない。それは、科学の応用から生じる倫理的問題がこの時代においてきわめて重大であり切実だ、ということである。ここで、この「倫理（エティック）」という言葉について一通り説明しておかなければならない。「エティック」というフランス語はギリシア語から直接由来した言葉であり、その原義は「習俗」に関わるものである。しかしこの言葉は、例えばアリストテレスにおいては「生きる術」を意味したり「善の教説」を意味している。ここでの「善」とは非常に広い意味を含んでいて、「充足（ビヤン・エートル）」をも含んでいる。フランス語での語弊を避けるため「良くあること（エートル・ビヤン）」と表現しても構わない。「エティック」は、アリストテレスの理解からすれば単なる教説ではなくむしろ一個の学問であり、他の全ての認識を支配している。なぜならば、それは、私たちが行為するとき、理性の力によって善を認識し探究するための手段となるものだからである。しかも、それは善の中でも、「至高にして最高なる善」（『ニコマコス倫理学』[1]Ⅱの1）の認識の手段である。また他方で、当時「エティック」は、アリストテレスが政治学と呼ぶものと全く同じものとも見なされていた。政治学とは、集団的組織を扱い、単なる個人的な善よりも「一段と美的で神的」（同書）な万人の善を目指す学問である。後の世に『ニコマコス倫理学』と題される論考は、著者アリストテレスによって「言わば政治学の論考である」と表現されているのである。

（1）〔参考文献【6】〕

科学によって現代社会に投げかけられている倫理的問題の特殊性は、〔伝統的倫理学の〕そのような枠組みをはるかに超え出ている。その一般的なテーマは次のように表現することができる。すなわち、科学の成果が、場合によっては、人間集団にとって善と見なされるものを損なう方向に利用され得る、ということを知りながらも、歩みをとめない科学に対して、あらゆる探究の道を切り開く全面的な自由を認めてもよいのかどうか、ということである。あるいは、次のようにも言えよう。科学者たちは、自分たちが白日の下にもたらした知識の有害な結果について責任を負うのであろうか。このような問題（とりわけ、先に示した後者の定式化における問題）が提起されるきっかけとなった最初の出来事は、一九四五年の原子爆弾投下であると思われる。当時、〔科学的〕知識の応用の責任は政治家にある、と考える人たちがいた。これは、倫理学と政治学とを同一視するというアリストテレスの立場に合致している。他方、それとは逆に、各個人が自らの行為を理性的な道徳的判断に従わせる必要があるということを強調する人たちもいるであろう。この立場では、研究者による知識の探究も〔道徳的責任に関わるという点で〕例外ではないことになる。

しかし、ここでとりわけ興味深いのは、むしろ、前述の第一の定式化の方である。すなわち、応用が有害な結果を生み出し得るという理由で、科学的探究の領域を力ずくで限定・制限する必要があるだろうか、という問題である。今日まさしくこのような形で、科学にまつわる倫理的問題が本質的な仕方で提示されている。実例としていくつかの問題を取り出してみよう。原子力発電所の安全性。放射性廃棄物の増大。「オゾン・ホール」の出現。遺伝子工学。生殖補助医療〔体外受精など〕。臓器移植。過度の延命医療。注意してほしいのだが、これら全てのケースで問題となっているのは、知識そのものではない。直接的に問題になっているのは、むしろ知識のある種の応用である。しかしながら、私たちの社会における暗黙の原理によれば、いったん確立された知識は、良きにつけ悪しきにつけ必ずや応用されてしまうものである。したがって、研究そのものを制限――あるいは少なくとも規制――するという考えが社会から出てくるのも理解されるだろう。私が問題提起したいのは次のことである。科学に対するそのような規制は政治権力によってなされるのを認めるのか、あるいは、なされなければならないのか。それとも、そのような規制は科学者自身の共同体のコンセンサスによってなされるのを認めるのか、あるいは、なされなければならないのか。科学者共同体のコンセンサスの先駆けは、すでに原子爆弾の場合に見られた。また、「生命の価値」に対して生医学的な知識がどのような結果を及ぼすかという問題についても、同様のことが起こりつつあるのかもしれない。まさにこの場合、問題は最も厳密な意味で「倫理学的」なものとなる。すなわち、〔生命という〕基本的価値の擁護・維持という問題である。このような状況は、フランス政府が「倫理委員会」を設立したことによって判然と示されている。委員会は主に専門家から構成されており、彼らはこれらの問題について見解を述べなければならない。しかしながら、やはり抑制すべきなのは科学的探究の発展ではない。おそらくそのような抑制は、少なくとも長期的に見れば不可能であろう。このことを示しているのは、〔ナチスドイツおよびソ連という〕全体主義体制のもとではそのような抑制の試みが最終的に失敗したということである。すなわち、「ユダヤ的理論」であるという理由から相対性理論の発展を〔ナチスドイツが〕阻止しようとしても、また「ブルジョワ的科学」であるという理由で遺伝学の発展を〔ソ連が〕阻止しようとしても、そのような試みは長くは続かなかった。どんなに説得的な理由を持ち出すとしても、そのような方策が最終的にうまく行くとは考えにくいのである。

　このように、科学の応用の発展が今日投げかけている倫理的問題は、最終的には、科学者たち自身によって同意される自己規制によってしか解決可能ではない。しかしながら、そのような自己規制が行われるとしても、それはある種の知識の探究を禁止するということではあり得ないであろう。自己規制は、ある種の知識の影響力や結果を正確に指摘し、必要に応じて探究の一時的な休止期間——つまり、熟慮するための「猶予期間」——を定める、というものでなければならないであろう。したがって、政治権力の役割は、社会全体にこれらの倫理的問題を諮って法的な結論を引き出し、科学的知識の応用を（もちろん必要に応じて公的に）規制する、という点に限定されることになる。

第二章　科学的知識と技術知の相違

前の章では、科学的知識と技術知の相違を強調した。なぜならば、今日、そのような混同の危険が明らかだからである。しかしながら、だからといって技術知が本物の知識ではない、と結論してよいわけではない。むしろ逆に、技術知の本性を明確化すること、そして科学的知識と技術知との間にどのような絆がしっかりと結ばれてきたかを示すこと――これが大切なのである。

I　古代における科学と技術知の関係――アリストテレスの考え

科学の時代において技術が新たな状況に置かれていることをよりよく理解するために、私たちはまず、アリストテレスの思想を一通り見ておくことにしよう。彼の思想は間違いなく、古代における最も精緻な思想の一つである。

アリストテレスによると、知識の全体系は階層構造を成しており、その最も本質的な区別は、認識の対象の本性に依存している。彼の哲学の複雑かつ繊細で、壮大な思想をこの場で詳細に解釈しコメントすることはもちろん不可能である。ここで試みたいのは、ただ、正確さをあまり犠牲にすることなく、アリストテレスの思想の内部に、科学および彼言うところのテクネーを位置づけるということである。テクネーというギリシア語はしばしば（最も広い意味での）「アール〔技芸〕」というフランス語に訳される。

アリストテレスによると、認識の第一段階（すなわち土台）は感覚である。それは、世界との直接的な接触である。認識のこの段階は、言語のような記号体系へとそれだけでは分節化されることはなく、言説や推論による基礎づけを必要ともしない。感覚が反復されると、その痕跡が記憶となる。記憶を通じて感覚は経験（エンペイリア）となる。この段階になるとすでに、いくつかの個別的知覚が一つの類的表象[1]と結合されることで判断が生じる。経験こそが科学と「アール」の両方の源泉である。

（1）〔アリストテレス自身はこうした表現を用いていないが、「同一のものについての多くの記憶が一つのまとまりとなったもの」といった意味だと思われる（『形而上学』980b29-981a1 を参照）。〕

「アール」は、すでに単なる類的表象を超えた段階に入っている。なぜならば概念が導入されているからである。アリストテレスによると、[1]もしも人が、「しかじかの薬がカリアスという個人をしかじかの病気から癒した」と、また「同じ薬がソクラテスをはじめ同じ病にかかった他の人々を癒す」と判断するだけならば、それはまだ経験である。しかし、もしも人が、「この薬が同じ病に苦しむ全ての人々――例えば、粘着質とか胆汁質といった特定の概念に包摂される全ての人々――を癒した」と判断するならば、それはアールである。

（1）『形而上学』〔参考文献【7】〕、A, 1, 981a10。

科学（エピステーメー）とテクネーの第一の相違は次の点にある。すなわち、科学はテクネーよりも正確かつ完全に、言語によって表現され、教育によって伝達され得るのでなければならない、という点である。[1] しかしそれだけではなく、科学はテクネーから、とりわけ、扱う対象の本性によって区別される。「科学の対象は、必然的に存在するものである」。アリストテレスは、運動および変化の科学（すなわち自然学）を認めないと言っているわけではない。だが、変化する事物の中にあって、その変化の仕方において不変なものを対象とする科学が存在するのだ。それとは逆に、アールは、変化そのものに関わり、それゆえ個体の偶然的な側面に関わる。なぜならばアールが目指すのは、「作品の産出であり、存在することも、しないこともできる事物――しかも、その存在の原理が創られるものの側にではなく創るものの側に存する事物――を創る手段についての知識[2]」だからである。アリストテレス的なテクネーは、それでもやはり知識の一形態であり、それどころか「理性的（Meta Logou〔理を備えた〕）知識」の一形態である。しかしながら、科学はテクネーに優っている。なぜならば、科学は必然なものに関わり、その論証を可能にしてくれるからである。

（1）『ニコマコス倫理学』〔参考文献【6】〕、VI, 1139b25。
（2）『ニコマコス倫理学』〔参考文献【6】〕、VI。

以上、私たちは古代哲学へと脱線してみた。この脱線から引き出せる教訓は三つある。第一に、今日「技術」と呼ばれているものは確かに本物の知識ではある。しかしながら、第二に、それら技術知は科学には吸収され得ない。なぜならば、それらは科学の中立的な性格も、論証的（あるいは少なくとも説明的）な性格をも持ち合わせていないからである。最後に、それらは次のような一つの道筋を形成している。すなわち、狭義の科学的知識から、事物を生産したり行為を導いたりするという細部にわたる実現に関わる実際的な作業へと移行する道筋である。

Ⅱ　経験的技術から科学的技術へ

1. しかしながら、技術知は、人類の歴史の初めから、まず先に出来上がった科学知の延長線上に位置づけられていたと考えるのはまずいであろう。私たちは歴史的なことがらをいくつか思い出してみることで、技術知と科学との結びつきは段階的な過程を経て進行した、ということを示したい。他方、そうすることで、技術の歴史の創造的かつかなり自律的な性格も同時に浮かび上がってくるであろう。

私たちは以下において、科学知の行き渡っていない技術を「経験的」な技術と呼ぶことにする。「経験的」という語のこのような用法は哲学者の用法と同じではない。私たちは、むしろもっと曖昧な普通の意味で用いたいのである。すなわち、「経験的」な技術とは、理論的説明から引き出されたのではなく、経験や実践から直接導き出された知識のことである。また、そのような知は伝達方法にも特徴がある。すなわち、そのような知の伝達は、本来は口頭によって行われたし、時には、半ば秘伝的な書き物によって伝わることもあった。このような事情が変わったのは、印刷術の発明によってである。これによって論説が登場したのである。ただし論説とはいっても、何百年もの実践によって伝えられてきたコツの集成や手法の記述のたぐいである。アグリコラの『デ・レ・メタリカ（金属について）』[1]（一五五六年）やオリヴィエ・ド・セールの『農耕の劇場』[2]（一五九九年）がその具体例である。当時、これらのコツや手法は非常に安定したものであった。冶金の場合、鉄鉱石を扱う技術について言えば、一四世紀後半における高炉という偉大な発明から一八世紀まで、ほとんど変化はなかったのである。これらの技術は、確かに有用ではあったが、しばしば迷信や事実無根の俗説と結びついた。例えば、人々は鉱脈を探すために、占星術を考慮したり、ハシバミの棒に宿るとされる力に頼ったりしたのである。このように、〔この当時の技術的〕進歩とは、全く文字通り、個人の創意工夫あるいは天分に由来する発明によってもたらされたのである（もっとも、たいていの場合、不首尾に終わった試行錯誤がそういう発明に先行したこともまた事実ではある。それらが「教訓」として発明に寄与したのである）。そういった発明家の中で最も有名なのは、おそらくレオナルド・ダ・ヴィンチであろう。しかし、彼の発明のうち多くのものは、実は計画止まりであったり、あるいは当時としては実現不可能なアイデアの段階に留まったりした。いずれにせよ、「特許」の概念が誕生したのは非常に早い。それはおそらく一五世紀後半のイタリアにおいてであろう。この事実は、技術知の改善と科学的発見との相違をかなりはっきりと示している。なぜならば、科学的発見を特許によって保護しようなどとは誰も思いつきもしないからである。

（1）〔参考文献【8】〕
（2）〔参考文献【9】〕

2. ルネサンス期における技術知

はこのようにあくまでも経験的なものであったが、とはいえそれらは、文化全体の内部に統合されていた。その主要な原因はおそらく、第一に、当時の発明者の多くが芸術家でもあり、大規模土木事業の責任者でもあり、廷臣でもあったということ、第二に、印刷術のおかげで、私たちが先に言及したような論説の普及が可能になったということである。古代における技術的知の改革者は、アルキメデスや幾人かのアレクサンドリア人という注目すべき例外を除けば、明らかに思想的展開の主流ではなく周辺に留まっていたが、他方ルネサンス期の技術知の改革者は、右に言及したような統合のおかげで周辺に留まることを許されなかった。すなわち、この統合は、技術と科学との密接な相互作用を確実に条件づけないし容易化したのである。なぜならば、後にいくつかの事例によってもっと詳細に確認するように、技術が科学を応用するという傾向が程度の差はあれ徐々に強化されてきたのだとしたら、科学もやはり技術によってインスパイアされた諸問題を解決することで発展してきたからである。例えば、まさに一五世紀末にイタリアの砲兵たちによって提起された弾道学上の問題によって、シエナのフランチェスコ・ディ・ジョルジョ・マルティーニは力学実験を行ってみようと思いついたのであり、他方、ニコロ・フォンタナ・タルタリアは一五三一年頃、ヴェローナの砲兵に求められて、弾丸の弾道について純粋に幾何学的な理論を構築することを試みたのである。とはいえ、科学理論は、一八世紀ヨーロッパにおいて大規模に生じた産業革命以降に初めて、技術との密接かつ有機的な関係を真に持つようになった、と主張することはできよう。

3. 実際、古代においては、技術的発明は科学的知識とほぼ完全に無関係であった。おそらくそれは部分的には、文明化された社会においては、卑近とみなされていた手作業に対する評価が低かったということによってであり、また、そのような低い評価ゆえに職人の地位も低かったということも理由に挙げられよう。もちろん、だからといってオリエントやギリシア、ローマにおいて、高度に洗練された技術が土木工事や金属加工、都市攻略術（包囲用兵器を用いて都市を占領する術）で実用化されなかったというわけではない。また、紀元前三世紀のアレクサンドリアの科学者アルキメデスは歴史上もっとも偉大な幾何学者の一人であるが、彼の時代からかなり後の言い伝えによれば、彼は自身の科学をさまざまな機械の発明へと応用していたという。その応用例としては、兵器や集光鏡（太陽光線を焦点に集中させるように放物線を描いている鏡）があり、また、体積ひいては密度を計測するために物体を液体に入れこぼれた分量を計るという技法などがある。しかしながら、これらのどれ一つについてであれ、今日に伝わる『アルキメデス著作集』[1]の中に何の痕跡も残ってはいない。他方、クテシビウス（紀元前三世紀）やヘロン（紀元後一世紀）のようなアレクサンドリアの数学者は、自動機械や小さな仕掛けの製造に創意工夫を発揮したが、それらは、科学的に基礎づけられた知識を有益な仕方で応用するためのものというよりもむしろ、人々を驚かせるためのものであった。

（1）〔参考文献【10】〕

しかしながら、次のことには注目してもよい。すなわち、古代および中世において科学を技術に応用する試みがあったとすれば、そこで中心になっていたのは常に数学であった、ということである。もっとも当初は数学を活用する目的は、測定したり照準を定めたりするための道具を組み立てることに限定されていた。これらの道具が一般に、まさに「数学的」道具と呼ばれた。経緯儀の先駆であるヘロンの測量器（ディオプトラ）はその一例である。これを使えば、角距離を測ることができるし、幾何学的計算を行うことで距離を見積ることもできるのであった。科学的知識の潜在的な力がはっきりと意識されるのは一七世紀のことであるが、それ以前でも、レオナルド・ダ・ヴィンチのうちに、数学は「機械術のための道具」として役立ち得るという着想が確認される。もっとも、この偉大な芸術家が問題にしているのは、実践よりもむしろ願望であった。それより後に、ジェラール・デザルグとフィリップ・ド・ラ・イールは、自分たちの幾何学を、歯車の歯切りに実際に応用することになる。[1] しかし、その理論が実際にやっと完成するのは一八世紀後半のオイラーによってであり、またそれは一九世紀にいたるまで、技術者たちには全く知られないままだったのである。

（1）ラ・イール『外サイクロイドと機械学へのその使用についての論考』〔参考文献【11】〕、一六九四年。

船の製造と操縦法に関しても事情は同じであった。この分野でも幅を利かせたのは経験に基づいた実践あるいは野心的ではあるが間違った理論である。しかしながら、一七世紀末以降に科学者たちがある論争に大いに注目したということを強調しておく必要はある。すなわち、海軍技師ルノー・デリサガレー[1]とホイヘンスとの間の論争であり、また、ジャン・ベルヌーイ[2]とオイラー[3]との間の論争である。操船を安定させる条件と規則を科学的に確立することになるのは、ピエール・ブーゲーである[4]。しかしそれでも、一九世紀より前では、船舶製造者や航海者がこれらの業績を活用するということはなかった。化学産業においては、塩素の発見（一七七四年）、炭酸ソーダを生産するルブラン法の発見（一七八〇年）によって革命が起こった。しかし、化学者シャプタルの『工業化学論』[5]（一八〇六年）を見る限り、この時代においてさえ、工業過程と科学との間には距離があったことが分かる。しかしながら、シャプタルは工業および農業に科学を応用することに最も寄与した化学者の一人であったし、一九世紀の初頭になるとまさに次のような時期が到来する。すなわち、工業および農業という領域において、企業家たちが、大規模かつ意識的な仕方で科学の進歩を活用し始めるという時期である。〔科学を技術に応用するという〕このような動きは確かにまだ意図されたものにすぎなかったのだが、すでに、ディドロによるかの壮大な『百科全書』の刊行[6]（一七五一〜一七七二年）とともに拡大しており、フランス革命の政策断行主義と歩調を合わせるように実行されていった。『百科全書』の正式な書名は『百科全書、あるいは学問・学芸・工芸の理論的辞典』である。その「序文」においてダランベールは、「手職の技術〔機械術〕」を大いに称えて次のように言う。「精神の明敏さ、その忍耐強さ、その能力についての最も驚くべき証しを求めようとするならば、おそらく、職人のところに行けばよい」（XIII頁）。彼はまた「パリとフランス王国の最も有能な職人たち」においてこれまでになされた調査を強調し、ディドロがこの著作の「最も広範かつ最も重要な部分」すなわち「技芸の描写」を引き受けてくれたことを賞賛している（XLIII頁）。

（1）『操船論』〔参考文献【12】〕、一六八九年。
（2）『操船についての新たな理論の試み』〔参考文献【13】〕、一七一四年。
（3）『航海学』〔参考文献【14】〕、一七四九年。
（4）『船舶論』〔参考文献【15】〕、一七四六年。『操船論』〔参考文献【16】〕、一七五七年。
（5）〔シャプタルにこのような題名の著作はない。『技術に適用された化学』（参考文献【17】）だと思われる。〕
（6）〔参考文献【18】〕

4．私たちは右に、科学が技術に浸透してゆく歴史を見た。この歴史をもう少し詳細に検討するために、三つの典型的な事例を取り上げることにしよう。すなわち、時計・蒸気機関・無線工学である。

一七世紀半ばまでのヨーロッパでは、分銅で動く時計の動きは、エスケープメント〔離脱装置〕という仕掛けによって統御されていた。このエスケープメントというのは、一四世紀の偉大な発明[1]であるが、練達と良識の産物であって、科学的知識に何かを負っているようにはとても思えないものである。この仕掛けによって、歯車を定期的に止めたり緩めて動かしたりすることが可能となった。そして、この仕掛けは職人たちの知恵と腕前を必要とするさまざまな部品から成り立っていた。エスケープメントはその後もずっと時計職人を刺激し、彼らの創意工夫に富んだ想像力よって不断に改良されていった。しかし、一七世紀になされた二つの科学的発見が時計の製造技術を変革したことに疑いはない。その第一は、振子の小さな振動に等時性があるということの発見である。等時性の理論は、一七世紀初頭にガリレオによって確立され、後にホイヘンスによって完成された。ホイヘンスは一六七三年に著作『振子時計[2]』を刊行する。この偉大な数学者は、一六五七年以降、自らの指示によって、デン・ハーグの時計職人サロモン・コステルに、最初の振子時計を製作させた。そのさい、エスケープメントを制御する——それゆえ調速機の役割を果たす——ものは振子の振動であった。しかしながら、ホイヘンスが示したところでは振子の振動は、円弧を描く場合ではなくサイクロイド*の弧を描く場合にのみ厳密な等時性を示す。しかし、理論的には主要なこの改良点は、時計職人たちによってほとんど重要視されなかった。彼らは、自分たちの円弧を描く振子の振幅をできるだけ小さいものにすることで満足してしまったのである。

（1）中国では、一〇世紀あるいは一一世紀には、一種の水式エスケープメントによって統御された時計を製造することができた。

（2）〔参考文献【19】〕

第二の発明もやはりホイヘンスによるものである。それは、発動機と調速機の両方の役割をするらせん状ゼンマイの発明である。これに関わる科学的理論もやはり運動体の振動に関する理論――すなわち、振動する運動体の復元力は平衡からの距離に比例するという〔考えに基づく〕理論――である。早くも一六七五年に、ホイヘンスはある時計職人の棟梁に、最初のゼンマイ時計を製作させている。この新しい道具が非常に精密なものだったので、これ以後、〔それまでの時計にはなかった〕「分」針が求められるようになった。ロンドンの時計職人ダニエル・クオーレは一六九〇年頃、二つの針を〔同じ〕文字盤に付けるというアイデアを得た。言うまでもなく、時間を計測するこの新たな道具を用いることは科学の諸領域に巨大な影響を引き起こした。

おそらくここで初めて、完全かつ確実な仕方で科学が技術に浸透したという事実を確認することができる。同時代においてデカルトは、私たちを「自然の主人かつ所有者」にするであろう知識について非常に力を込めて定式化したのであるが、右に見た科学の技術への浸透は、まさにデカルトのこのアイデアに完全に一致するものであった。また、当時の政治家たちも、科学が機械術〔手職の技術〕に応用されることを推奨していたのであり、一六七五年にコルベールは、彼が一六六六年に設立していたアカデミーに対して、「現在のフランスおよびヨーロッパ全土で用いられている全ての技芸についての正確な描写を含んだ、機械学についての論考を作成する手段について検討すること」を申し付けた。もっとも当時ここで問題となっていたのは合理的な発展というよりはむしろ経験的実践の調査であることが後々判明する。しかしながらこの後に、アカデミー会員たちの目には、合理的な発展が経験的実践の調査から分離不可能なものと見えるようになるのである。

5．第二の事例は第一の事例よりもずっと複雑である。それは蒸気機関の略史である。周知のように、数学者であったアレクサンドリアのヘロンは、紀元一世紀に、(1)一種の反動タービンを製作したと言われている。回転軸を持った球に、外付けの炉の熱によって作られた水蒸気を入れる。この球からは二つの噴出口が反対方向に出ている。するとこの球は、その噴出口からの蒸気の噴出によって回転するのである。しかしながら、少し考えれば、「気力球〔アイオロスの球〕」と呼ばれるこの装置が力学的および物理学的な知識の適用とは見なせないことが分かる。そもそも当時はそのような知識がまだなかったのである。そして、さまざまな試みが挫折した後、ホイヘンスの「火薬機関」（一六七三年）によって真の意味での蒸気機関の歴史が始まる。この装置は重い物体を持ち上げることを目的としている。その手段は、シリンダーの中に入れておいた火薬に点火し、燃焼ガスを部分的に逃がして冷却させることで得られる気圧低下である。そのとき空気圧の影響でピストンが降下し、コードと滑車によって重い物体を引っ張り上げる。ホイヘンスは適切にも、同じ効果を得るためには火薬の代わりに蒸気を使うことも出来る、ということを指摘しているが、実際に蒸気を用いることはなかった。彼の助手をつとめたこともあるドニ・パパンがこのアイデアを継承した。彼は、ヘッセン＝カッセル方伯に招かれ、ライプニッツの助力も得つつ、「空気圧」式の機械を考案した（一六九〇年）。その機械は中にピストンがあり、これがまず、シリンダー内での加熱によって生み出された水蒸気の圧力でもって持ち上げられる。その後、炉が取り外されて蒸気が凝縮されるときに大気圧によって下方に押し下げられるという仕掛けである。

イギリス人トマス・セイヴァリは、シリンダーのまさに内部で「火を用いて水を持ち上げる」ために同じ真空の原理を利用した（一六九八年に特許取得）。その目的は鉱山の水を抜くことであった。ライプニッツによってこのことを知らされたパパンは、セイヴァリの機械を大幅に改良した。彼は、船のオールを動かすために同様の機械を活用するということを着想したが、これは大失敗に終わり、イギリスでの評判を落とし、方伯には見捨てられることになった。

（1）ヘロンがいつの時代の人物かは議論の的である。分かっているのは、彼がアポロニウスの後でパッポスの前、紀元前一五〇年と紀元後二五〇年の間の人物だ、ということである。

蒸気を用いた機械を、純粋な技術的側面において真に進歩させたのは、ダートマスの金物店主ニューコメンの発明の才である。彼は、ピストンの下降によってポンプの振子を動かし、蒸気の栓の開け閉めをこの振子の動きに連動させる、というアイデアを思いついたのである。この機械の他の改良は、やはり本質的に経験的な性格のものであった。やがてスコットランド人ジェームズ・ワットが、ただちに回転運動へと転換される往復運動を生み出す蒸気機関を制作するに至る。ワットは、グラスゴー大学教授ジョゼフ・ブラックが蒸気の「潜熱」に関して抱いたアイデアを継承し、蒸気を圧縮するためのシリンダーの冷却は、この潜熱（したがって燃料）を過度に喪失させてしまう、と考えた。そこで彼は、シリンダーから分離された、真空状態の「復水器」の中に蒸気を排出することを思いついた。さらに彼は、ピストンを大気圧の効果だけで下げるのではなく、ピストンの上方に加えた蒸気によっても押し下げようとした（これが「二重効果」である）。また、ニューコメンの栓よりも完成された、ボール付き制御装置を導入したのも、また、往復運動を円運動へと転換可能にする平行四辺形〔のリンク機構〕を導入したのも、ワットの工夫である。しかしながら、ワットにおいてさえ、加熱された流体の力学的振舞いについての科学的知識は、機関の改良にきわめてわずかしか寄与しなかった。結局のところ、仕事率の単位〔馬力〕は、経験的な規則および表をもとに決められたにすぎなかったのである。当時誕生しつつあった熱力学という新科学の成果が実際のところ応用されたのは、ニコラ・レオナール・サディ・カルノーの先駆的論文『火の動力、および、この動力を発生させるに適した機関の考察』[1]（一八二四年）以降のことである。サディ・カルノーはフランス革命において「勝利の組織者」と称えられたラザール・カルノーの長男である。もっとも、書かれてすぐ応用された、というわけではない。なぜならばカルノーの論文は完全に無視されたからである。しかし、その十年後、工学者クラペイロンは、エコール・ポリテクニークの『紀要』の書評によってカルノーの論文を世に知らしめ、また、その内容を展開していくことになる。まさにこの一事例のうちに、科学と技術との相互作用が認められ得る。なぜならば、カルノーの論文のタイトル全体が示唆するように、蒸気機関のテクノロジーこそが、サディ・カルノーに「熱動力の理論」という着想を部分的にインスパイアした、と考えることができるからである。

（1）〔参考文献【20】〕

6. 最後に、無線工学が、技術への科学の浸透という現象に関する非常に新しい一事例となるであろう。ただし、無線工学においてはこれまでの事例に比べて、科学的知識が果たした役割がずっと決定的である。実際、一八八七年に電磁波を発見したヘルツの仕事の出発点は純粋に理論的なものだった（電波はヘルツ波と呼ばれていた）。当時は、電気現象についての二つの説が有力であった。

一方の説は、マクスウェルのものである。彼によると遠隔作用は存在せず、電気的な力はエーテルという特殊な媒質の状態変化を通じて伝播するとされた。クーロン、ファラデー、アンペールの現象分析を基にマクスウェルが確立した方程式がもたらす一つの帰結は次のようなものである。すなわち、以下の二つの単位の実験比は光速度に等しくなければならない。第一に、クーロンによって発見された電荷のニュートン的引力現象から導き出される電気静力学的単位であり、第二に、伝導体中の電流の引力現象を基にして定義された電気動力学的単位である。他方、この見解からは次のような結果も導かれる。すなわち、電気動力学的な力――言い換えれば「分極」の力――は、真空においても伝播可能であり、また、電気力と磁気力とは同じ本性を持っている、ということである。

他方の説は、ヘルツの師であったプロシア人物理学者ヘルムホルツに由来する。それは、電荷を帯びた粒子の間には遠隔作用が働くという考えに依拠している。実はヘルムホルツも一組の方程式に到達しており、そして彼は、マクスウェル方程式は結局のところ自分が見出した方程式の特殊な事例として位置づけられると考えていた。しかしながら、〔電磁的〕現象についての彼の見解からは、電気力と磁気力は別個のものであり、またそれらは真空では伝播し得ない、ということが導かれた。それゆえ、ヘルツが最初にしなければならなかった仕事は、ヘルムホルツの理論を実験的に検証することだったのである。

だがヘルツは、自分が発見した諸事実を最も良く説明するのは〔ヘルムホルツではなく〕マクスウェルの見解であるということを徐々に認めざるを得なくなった。

このようにしてヘルツは、誘導コイルの電気火花〔スパーク〕が周期的に炸裂することで生じる電気的な波動は空気中（あるいは真空中）を伝播するということを立証した。確かに、マクスウェル方程式*は、電磁場の振動が真空中あるいは空気のような誘導体中を伝播するということを、理論的帰結として予見させるものではあった。しかしマクスウェル自身は、そのような現象の実際的な可能性に気付いていたわけでも、またその実現条件に気付いていたわけでもなかったようである。

したがって、まさに「ヘルツ」波が、純粋に理論的な考察の後に実験によって証明されたのであるが、これはヘルツの期待には反するものであった。この物理学者は、自分の発見がもたらす技術的応用の重要性を分かっていたであろうか。彼は、この点について一八九二年に尋ねられたとき、きっぱり「否」と回答したのだ。実際のところ彼の関心を引いていたのは、電磁波が真空中を伝播するという事実と、その速さが光速に等しいということであって、それが研究室の外部にもたらすであろう実際的な重要性ではなかった。ヘルツの発見が応用可能であることを実際に示したのは、またしても一人の発明家、しかも根っからの発明家の手によることになった。イタリア人マルコーニである。彼は一八九七年、一つの装置の中に、次に挙げるさまざまなものをつなぎ合わせた。すなわち、ヘルツの火花発振器、ブランリとロッジのコヒーラ検波管、モールスの電鍵、ポポフのアンテナ（これはひょっとすると、テスラあるいはブランリのアンテナだったかもしれない）である。そして彼は、無線の電信メッセージを十マイル離れたところに送信することに成功し、ついに一九〇一年には、コーンウォール〔イギリス南西部〕からニューファンドランド島〔カナダ東海岸〕へと送信することにも成功したのである。無線電信が誕生した。これは、純粋な理論的探究と寄せ集めによるものづくりの天才の試みとの間に思いがけず誕生した産物だったのである。[1]

（1）この一連のすばらしい歴史についてはジャン・カズノーブ「マクスウェルからマルコーニまで」（『電気史紀要』第五号、一九八五年）〔参考文献【21】〕を参照されたい。

7. 以上三つの事例から分かるのは、技術と科学が、〔科学的〕知識の応用を周到に準備するという形で関係づけられることは稀である、ということである。なるほど確かに、現代に近づけば近づくほど、技術的発明と科学との結びつきはますます緊密なものとなるし、また今日では、よく知られた技術的進歩の中で科学のデータに基づかないようなものはほとんど考えられない。しかしながら、技術の歴史はそれでも非常に自律的なものである。実際、それは〔技術に〕固有の計画の漸進的な実現に依存しているのである。そしてその計画の実行は、科学の進歩によってあるとき端的に可能になる。したがって、技術の歴史は、このような意味で、目的を持った歴史である。すなわち、それは社会的必要ないし個人的夢想の顕在化なのである（ここで思い出しておこう――人間が空を飛ぶという夢想を、ラブレーが描いた[1]「言葉が凍結保存」されるというお話を、画像を送信する夢を……）。しかし、そういったものが実現するためには、さまざまな条件、少なくとも部分的条件がある。それらの条件は科学的進歩のゆえに、一般に順不同な仕方で、突然現れるのである。発明者――あるいは発明者たち――は、それら科学の進歩を認識し、自家薬籠中のものとし、適合させて、組み合わせる。そして、ひとまとまりの技術的進展というものは、全体が一つの下絵によって方向付けられ統合されながら作り上げられるのである。他方、技術の進歩がそれを条件づけるグローバルな文脈に依存しているということが、ますます明らかになってきている。例えば無線工学あるいはテレビ放送は、ばらばらの技術的対象――すなわち、ラジオやテレビの放送局――を単に完成させるということによってではなく、むしろ、複雑な送信網が広い範囲でできあがることによって、また、音と映像の大掛かりな生産に組織化されることによって、発展したのである。このことから分かるのは、技術的な進歩は単に知識の進歩に依存しているだけではなく、さらに、別の水準にある経済および社会の状況にも依存しているということである。

（1）〔以下のことは『ガルガンチュアとパンタグリュエル』（参考文献【22】）第四之書で描かれている。〕

結局のところ、現代において、技術的知識の個々のまとまりは、科学的知識と並行的に、また部分的に独立した仕方で構成された。とりわけエンジニアという階層が形成されてから後はそうである。かつて、ルネサンスの偉大なる「技術者」たちについて語ることができたのは、あくまでも比喩的にである。彼らはイタリアの王侯に仕え、公益に関わる大工事の実行を案出し指揮した。そして要塞を作り、兵器を改良したのであった。しかし、技術者の集団が真に新たな階層として現れたのは一八世紀後半のイギリスにおいてである。この集団は、フランスでは、グラン・ゼコールにおける〔エリート〕教育が始まったことによって安定化され、また強化された。まさにそのときになって初めて、技術知がそれ自身のために発展し、そして技術知として存続していくことになったのである。むろんその基礎は、一つの時代によって吸収・同化された本来的に科学的な知識にあった。しかしそこでは技術知は、科学の応用という具体的な条件に直接巻き込まれていたのである。その結果、エンジニア集団の中の何人かはその最初の役割から針路変更し、事業主あるいは行政官になったのである。

III　科学、技術、大量生産

1. 技術知が科学的知識を吸収するまでは、技術知を活用した職人の仕事は結局のところ非常に個人的なものであった。すなわち、技術知は、一般的な生産の手順――しかじかの結果を実現し、しかじかのタイプのモノを創造するために不可欠な基礎技術――を伴っていただけでなく、さらにまた、次のようなコツと手腕をも伴っていたのである。すなわち、厳密に言えば必要ないのだが、しかし職人が、言わば自分の作品の中に彼独自の何かを表現し、作品をその職人ならではのものとすることができるようなコツと手腕である。職人仕事による作品の価値を高めるという目的で、荒っぽく言えば余計なものにすぎない〔コツや手腕といった〕側面や要素をこのように活用することを、私はスタイルの効果と呼んでいる[1]。しかしながら、これとは全く逆に、作業と製品はたいていの場合、技術が進歩するのにつれて、ますます厳密に規格化されるものである。これは、コスト削減と大量生産のための不可欠の条件である。そうなると、技術を用いるのはもはや職人ではなく、むしろ、一方では〔設計を行う〕エンジニアであり、他方では実行する者すなわち工員ないし「技能者」である。

（1）「スタイル」というこの一般概念のより詳細な分析に関しては以下の文献を見よ。ジル＝ガストン・グランジェ『スタイルの哲学試論』第二版〔参考文献【23】〕、オディール・ジャコブ出版、一九八八年。

2. このような規格化が、科学的知識が技術に浸透したことの帰結であると同時にしるしでもある、ということは疑いようがない。というのも、第一に、対象を抽象的な手順――理論的には代替可能な手順――に還元することを要求するのは〔技術ではなくむしろ〕科学のほうだからである。例えば、化学に純物質という概念を導入したのも科学である。技術は、科学によって確立された知識を応用することができるように、ますます厳密な規範に沿って素材を選別しなければならなくなる。そして、やり方をコード化し、実行サイクルを規則化しなければならなくなるのである。おそらく、このような傾向を強力に推し進めているのも、やはり経済的な――結局のところ、技術や科学の外部に位置する――要因である。すなわち、時間を稼ぐとか生産量を常に増すとかいうことがらである。しかしそうは言っても、規格化の必要というのは、何はともあれ、科学を応用するさいの一条件ではある。

このように見てくると、「テイラー・システム〔合理的管理システム〕」が〔技術と科学との関係をめぐる〕このような状況がもたらす最初の結果の一つであったということは腑に落ちる。「テイラー・システム」とは、諸々の生産〔工程〕を作業の極端な断片化および特殊化、さらには、それらの連結の厳密な時間管理によって合理化するという説のことである。そして、この合理化の全体は、収益を可能な限り最大にする条件を実現するためにあらかじめ想定かつ計画されねばならないのである(1)。したがって、重要なことは、必ずしも必要ではない一切のオペレーションや動きをカットするということ、そして、労働者にあらゆるイニシアティヴを拒否するということである。発案者テイラーは労働者に「君たちは、考えるためにここにいるのではない」と言うのを常とした。規範化をここまで過激に杓子定規に推し進めることは、明らかに職人芸の対極を意味している。そしてまた、それは、科学によって技術をあろう限り完全に包囲しようとすることでもある。

(1) フレデリック・W・テイラー『科学的管理の原理』〔参考文献【24】〕、一九一一年、仏訳は一九二七年。

3. しかしながら、技術のその後の現在にまで至る進歩を見る限り、以上のような捉え方は、「科学の時代」にとっては少なくとも部分的に合致しない、ということが分かる。テイラー・システムによる管理は、人間存在にとってそもそも非常に不適切であるが、それだけではなく、機械の機能を働かせる最適な条件という観点からしても、もはや的を射たものではないのである。技術が科学を吸収したということを最も明白に示す特徴は、確かに、至るところで機械の使用が拡大していること、そして、その機械がより複雑で洗練されたものに高まっていくことにあるとしても、私たちは以下のことを見て取らないわけには行かない。すなわち、最近の技術的進歩は、第一に、機械の種が言葉の真の意味で変異したことに存する、ということである。非常に単純化すれば次のように言ってよい。最初の機械は、運動を変換する道具であった。例えば、梃子・滑車といった典型的に「単純」な機械がそうであり、また、織機がそうである。その後、機械はエネルギーの生産手段になった。それは取りも直さず、エネルギーの変換手段ということでもある。すなわち、蒸気機関、電動モーターあるいは内燃機関などである。最後に、より最近になると、情報を扱う機械が登場した。その祖先は、パスカルの計算機であり、現代における最初のものは、フィラデルフィアの巨大コンピューター、エニアックである。これは一九四六年には、一万八千個の真空管でもって一部屋全体を占拠していたが、そのメモリーはわずか二〇〇ビットであった。今日では、そのような機械は、すばらしく改良かつ小型化され、「エネルギー」生産を行う他の機械にますます密接に連結され、それらを調整し、それらのさまざまな動作を制御したりしている。そして、徐々に機械は、従来は労働者が受け持っていた職や仕事を侵食していく。さまざまな領域における科学の応用のおかげで、機械は言わば――確かに、非常に控えめな意味においてであるが――「知的」になったのである。これは換言すると、次のような能力を身に付けたということである。第一に、空間における位置や形態を識別すること、第二に、対象を適切に操作したり移動させたりすること、第三に、ある種の物理的特性を触って認識すること、第四に、異常個所を見つけることである。したがって、〔労働者が行っていた〕作業のうち最も反復的な面――すなわち、つい少し前にまさにテイラー・システムによって体系化された面――は、その大部分が機械に譲り渡されたのであって、現場の人の役割は、徐々に、一段上の技術性を発揮すること――すなわち、作業の監督、設備のメンテナンス、機能の欠陥と故障のチェック、機械の修理――に求められるようになっていったのである。さらに究極的には、人間と、人間が使用する機械との間でコミュニケーションが成立する。というのも、機械の情報を扱う部分には、記号化の機能が備わっており、これによって機械は、操作者に対して、自身の機能に関する情報を提供することができるからである。このようなことは、最新型飛行機のコックピットにいるパイロットや、コンピューターの操作卓の前にいる使用者に当てはまる。今後は、こういった現場の技能者は、機械からのメッセージを解釈し、また、適宜決定しながらそれらに対して返答する能力を持たねばならない。

　このような新しい技術が誕生したために、現代社会には一つの緊張が生じることになった。すなわち、機械をさらに洗練させ、それらの技術をもっと特殊化させたいという要求と、現場の技能者にもっと汎用的で多面的な力――こういってよければ適応力――をつけさせたいという一見すると正反対の要求との間の緊張である。これは、現にある技術の進歩が速く、また次々に新しい技術が創られることから来る結果である。ここでは備忘録代わりに、若者の教育に関して政治に突きつけられているこの問題だけを指摘しておこう。一つだけ言っておけば、技術者と最先端の機械との関係は、科学の応用の結果がどのようなものであれ、科学的知識を覆い隠してしまうのである。なぜならば、〔最先端の機械のおかげで〕技術者は、言わば科学的知識に頼ることなしに済んでしまうからである。もちろん、技術を創造するという高次のレベルでは状況は異なる。そこではむしろ、科学者とエンジニアの協働が強まっている。しかし、技術を活用する段階においては――技術開発集団のかなり上位の段階においてさえ――

科学的精神は、厳密に技術的な精神を前にして霞んでしまう傾向がある。技術的精神は「解明」よりも「成功」を先行させようとする。そうすると、今見たような否定的な側面に対処するためには、おそらく先ほど言及した「教育の問題」には、次のように返答するのが良いであろう。すなわち、第一に、科学の一般教養は一見すると無償で即効性がないように見えるかもしれないが、それでも教育においては、そのような教養に対して大きな地位を与えるべきである。第二に、おそらくは人文主義的教養にも――または端的に言って教養〔文化〕にも――大きな地位を与えるべきである。

第三章　方法の多様性と目標の統一性

前の章では、科学と技術との間には互いに助け合い、補い合う緊密な関係が現に存在することが明らかになった。そのさい、科学と技術という知識の二形式は思惟の二つの異なる方向性に対応している、ということを強調した。この章で試みようとするのは、科学の精神および科学の諸分野を特徴付けることである。予備知識が全くない人が科学を観察するとき、まず最初に驚くのは、「今日科学と認められている知の領域がきわめて多様であるにもかかわらず、他方で、至るところで科学という語がごく安易に単数形で用いられている」という事実である。このことからすると、科学には真の統一性があると言えるのであろうか。この問題はかつて、一九二〇年代から三〇年代にかけて、論理実証主義者たちによって詳しく議論された。そしてその結果、ウィーン学団（代表者はカルナップ、シュリック、フォン・ノイマンたち）およびそれと連携したベルリン・グループ（代表者はライヘンバッハ）の企ての一つは、「統一科学の国際百科全書」という名前を冠することになった。当時、この科学の統一性は、少なくとも学団のメンバーの何人か（例えば若きカルナップ）によっては、非常に強い意味で理解されていた。すなわち、彼らの理解する科学の統一性は、科学的知識に論理的・数学的構造を画一的に与えること、および、科学的知識の経験的内容を分野の別に関係なく、単一の言語で表現できるということとして理解されていた。しかし〔この章において〕私たちは、科学の統一性を、もっと弱い意味で理解することになるであろう。そのような弱い意味における理解によって私たちは、より明晰な仕方で、科学の方法や対象が複数存在するということを了解できるようになるであろう。もっとも、方法や対象の複数性は、科学的知識がある共通の目標を有しているという統一性と結びつけられているのではあるが。

I　方法の複数性と方法論的「アナーキズム」

1. 手初めに、かなり最近に登場した挑発的なテーゼを紹介し検討することから始めよう。すなわち、ポール・ファイヤアーベントのテーゼである。それは、その最も極端な表現形式によれば、科学は、実在を認識する手段としては、神話・宗教・イデオロギーと変わるものではない、という主張である。そして、そのさい強調されるのは、方法の多数性であり、科学的説明の欠陥であり、理論の不安定性である。ファイヤアーベントの議論を概説する前に、おそらく、ファイヤアーベント自身が、ラディカルに懐疑的かつ否定的なこのような態度をあまり文字通りに受け取らないようにと示唆している、ということを断っておいた方がよかろう。彼は次のように述べている。「読者は私のことを、真剣なアナーキストとしてではなく、無遠慮なダダイストとして[1]記憶するであろう」[2]。彼は自らの態度を、プロタゴラスのようなソフィストたちのそれに近いものだと考えている。そして、自分が次から次へと主張する諸々の見解が相互に対立しているということを、当然のごとく認めるのである。それゆえ、彼の最もラディカルな諸々の命題は「割り引いて」理解されるべきなのであろう。実際のところファイヤアーベントは、〔ラディカルな主張をするのとは〕別のときには、現代物理学の歴史や認識論に関して、真摯で学識ある寄与を行ってもいるのである。

(1)〔ダダイズムを信奉する人。〕ダダイズムとは、第一次世界大戦中にチューリッヒとニューヨークで誕生した、審美的な嘲笑ないし不服従の企てである。ファイヤアーベントはここでダダイズムを、「行為」についての教説としてのアナーキズムと対比している。アナーキズムはダダイズムと同じく否定的ではあるが、それに留まらず時には暴力を伴うのである。

(2)『方法への挑戦』〔参考文献【25】〕、一八頁。

2. この哲学者の主要テーゼの一つは「増殖の原理」である。これは、「現時点で認められている見解がどれほど高度に検証され一般的に受容されているとしても、それらの見解と両立不可能な理論を創案し、展開」することが求められる、という原理である[1]。すなわち、全く荒唐無稽な思弁に対してさえ批判を抑制すべきである。「帰結する唯一のルールは、〈何でもあり〉である」[2]。方針が事前に作られるのは、後にそれを転換するためであり、制限は裏をかくためになされるのであり、計画は背かれるために立てられるのである。相互に矛盾する複数の理論は同時に承認され得るし、それどころか承認されねばならない。ファイヤアーベントは科学史からいくつかの事例を取り出すが、それらは必ずしも説得的ではない。なぜならば、理論間の不整合および不釣合いというものは、現代的な意味における「科学」が自覚されて以来──つまり、自然科学の場合ではガリレオ、デカルト、ニュートン以来ということであるが──暫定的で嘆かわしい状況の特徴として受け止められてきたからである。そして、科学の進歩とは、まさにそのような不整合・不釣合いを解決させたり嘆かわしい状況の要素を調停してくれるものとして期待されてきたのである。〔ファイヤアーベントが主張する〕アナーキズムの積極的な側面は、確かに、保守主義および独断論に対して厳しく批判するという点にある。それは、科学的認識は流動的であって新奇なものを排除するわけではない、ということを強調する。他方、その否定的な側面は、諸理論の多様性のみならずそれらの非整合性それ自体が価値を有すると主張し、さらには、〔競合する〕諸理論の中から適切な理論を選択し、決定するための規準を求めることに無頓着であるという点にある。このような行きすぎた論法は、私から見れば、そもそもの主張の信用を失わせるものである。

（1）『哲学論文集』第一巻〔参考文献【26】〕、一〇五頁。

（2）『方法への挑戦』〔参考文献【25】〕、三三三頁。

3．ファイヤアーベントの哲学についてここでとりあげておきたい第二の特徴は、挑発的にもそれが、科学を一種の神話的信念と同一視するということである。「哲学的考察を経て分かるのは、科学というものが予期した以上に神話に近いということである」[1]。彼は科学を、例えばアフリカの伝統的神話に接近させる。そのさい彼が言いたいのは、それらの神話も科学と同様に、「常識によって与えられる因果的文脈よりも広い」因果的文脈において「見かけの複雑さの下に隠された統一性を探求している」[2]ということである。そのような見地からファイヤアーベントは、教会と国家との分離をモデルとして「国家と科学との分離」を提案する。彼は科学者を「自発的な奴隷」と見なした上で、科学者に対して「自分たちのイデオロギーを私たちの子どもに押し付ける」権利を認めてはならない、と言うのである。私たちは、その方が良いと思われるならば、科学教育を「伝説の習得や魔術や占星術」に取り替えても構わないはずなのである。そして、とりわけ〔科学の土台を構成する〕「基本的信念――例えば、進化論や量子論といった信念――の正当さ[3]」に関して決定を下すことになるのは、このような意味で自由な教育を受けた市民の採決なのである。

（1）『方法への挑戦』〔参考文献【25】〕、三三四頁。
（2）〔参考文献【25】〕同所。
（3）〔参考文献【25】〕同書末尾。

強力な懐疑論の場合には常に起こることであるが、実は論理的な議論はこれまで見たような〔ファイヤアーベントの〕主張を反駁することはできない。なぜならば、そのような反駁を試みようとしても、ただちに懐疑論の側は、現に論難されている当の独断論に陥ることなしにそのような反駁を基礎づけることなど不可能だ、と再反論するからである。それでもなお懐疑論が実在に対して盲目だというのはきわめて明らかである。神話に依拠する世界の「説明」様式と、科学が骨折って構成する「説明」様式との間には、還元不可能な相違が確実に存在する。また、誰にでも分かるように、前者と後者との間には結果の相違も存する。原理的に言って人間は、神話的信念に依存しそれらに支配されているような生活を選ぶ権利を持っている、と主張することは可能である。しかしながら、神話的信念と科学が導く信念とが同種のものである、と主張することはできない。実際のところ、〔科学ではなく神話を選ぶという〕そのような原理的自由は、ほとんど実践不可能であろう。それには、今周囲にあるものに私たちが従属しているからというだけではなく、非常に確固としたいくつかのことがらについては多少なりとも理の通った教育が人々の間に浸透しているという理由もあろう。いずれにせよ、科学的知識を神話あるいはイデオロギーと同一視することは、まさしく挑発行為に見える。そのような挑発行為を正当化するために、ことがらを不当に単純化するあまりにも独断的であまりにも技巧的な議論を持ち出しても無駄である。私たちはすでに〔第一章で〕、そのような議論は現代世界における科学の大衆化の結果に他ならない、と釘を刺しておいたのである。

4. 現象についての知識様態が多様であり、さらにまたそれらの様態が相互に異質ですらある、ということは、実は現代科学の特徴ではない。それは、言わば「原-科学」の時代の特徴なのである。すでに幾度も触れたように、今日「科学」と見なされているたぐいの認識は、一七世紀において自覚化された。しかし実を言えば、今日「科学」と称されている分野の中で、一七世紀よりもずっと前に発達した分野が二つある。それは、数学と天文学である。もっとも、天体の規則的運動以外の自然現象の探究は、きわめて活発に行われはしたが、古代および中世においては、いってみれば無秩序的かつ散発的なものであり、統一的な枠組みが欠けていた。それは、手段および方法が統一されていなかったという意味だけではなく、より根本的には、何が「記述の対象」となるのか、観察される現象についてどのような種類の説明が求められるのか、というまとまった思想がなかったという意味である。

II 科学の目標の三つの特徴

1. 科学的思考と他のあらゆる認識との本質的な違いは、どのように対象に目標を定めるかという点にある。ここで他の認識と言うのは、例えば、知覚であり、またとりわけ、認識主体に固有の要素を介入させる認識（例えば、私たちが他者やその心的状態について持つ、あるいは持つと信じている認識）である。対象に対して科学的思考がとる立場の特徴は、ただ一つの方法を用いる、ということでは全くない。ここで、私たちは方法というこの語を次のような厳密な意味で用いている。すなわち、方法とは制御された一連の手順および手続きを指し、その手順や手続きは認識対象の本性からは全く独立している。一方では、複数の科学的方法が存在し、他方では、科学の本来的な目標には一つの性質とただ一つのタイプしか存在しない。私はこの唯一のタイプの目標について三つの特徴を強調したい。それらは科学の統一性を浮かび上がらせるのに十分に一般的なものである。また、非科学的態度から科学をきっぱりと区別するのに十分に具体的なものである。

2．第一に、科学は実在を目指している。もっとも、「実在」という概念は、例えば科学的用語であらかじめ定義しようと思っても無駄だったり間違ったりすることになる哲学的概念ではある。「実在」は私が「メタ概念」と呼ぶものである。「メタ概念」とは、経験に直接的にではなく、経験の表象に適用される概念のことである。しかしながら、「科学は実在を目指している」という表現には確かに意味がある。というのもこの表現は、科学が持ち続けようとする目標に次のような一切の態度を対峙させるものだからである。それはすなわち、夢想や想像の産物〔と実在〕の境界を画定するというつらく絶え間ない探究を含まぬような一切の態度である。もちろんだからといって、科学的な概念が発明されるときには、創作的な想像力が本質的な役割を果たさないというわけではない。むしろ全く逆であり、この点において概念の創造という意味では科学的創造は詩的である。しかしながら、想像力が発揮されるのは概念の産出においてであり、それらの概念は常に、私たちの空想に抵抗するようなデータの記述ないし組織化のためにそもそも存在している。なるほど科学は抽象的な表象ではあるが、しかしそれは、正当にも、実在の表象として与えられるものなのである。

3．強調したい第二の特徴は、技術について第二章でなされた議論に関連している。科学が対象を目指すのは、それを記述かつ説明するためであって、直接的には何らかの実践のためではない。デカルトが『方法序説』[1]に書いた「〔科学の発展によって〕私たちは自然の主人かつ所有者になる」という有名な言葉を以前引用した。確かにこの頃（『方法序説』は一六三七年の刊行）は、自然についての科学的知識が、何の応用も出来ない思弁、それどころかしばしば何のチェックも受けられない思弁から解放され始めた時代であって、「有用性」という観念は、科学というものの新しい本質的性格を描き出していた。しかしながら、〔応用に関わらない〕中立的な知識をデカルトがまず何よりも重視していたという事実をここで確認しなければならないであろう。最初にデカルトは、まさしく「自らを教育し続けようとする私の計画」について私たちに語ったのである。[2]彼が、旧時代の哲学者たちを信奉する者に対して『方法序説』を刊行したさいに行おうとしたことは、「彼らが打ち合うために降りて行った洞穴に、いくつかの窓をあけて光を入れる」[3]ということだったのである。科学を人間の幸福のために応用することからデカルトが真に期待した驚くべき成果――すなわち、「主として健康の保持のために……無数の技術を発明することによって」[4]生起することをデカルトが期待した驚異――は、〔あくまでも〕真理の探究の一つの結果であって、真理の探究は〔そのような驚異とは別に〕それ自体において満足を獲得するのである。したがって、前章で私たちが行ったように〔技術に〕応用される知識としての意義を科学が有することを認めるとしても、デカルトの名を借りて、科学の発展を技術的発明と同一視してはならないのである――彼は技術的発明の飛躍を予見していたのだが。いずれにせよ科学そのものは価値中立的であり、それどころかある意味において遊戯ですらある。すなわち、科学者は知をひたすらに探究するのではあるが、それは同時に遊びでもある。とにかく科学が探究の結果として目指している第一のものは、理解することの満足感であって、決して行動することの満足感ではないのである。

（1）『方法序説』〔参考文献【27】〕第六部、一六八頁。
（2）同書〔参考文献【27】〕第三部、一四四頁。
（3）同書〔参考文献【27】〕第六部、一七四頁〔この直前の文章で、デカルトは旧来の哲学者たちを盲人にたとえ、この哲学者たちの議論は、盲人たちが自らの戦いを有利にするために真っ暗な洞穴に連れ込むのに似ていると述べている〕。
（4）同書〔参考文献【27】〕、一六八頁。

4. 科学的知識の目標が有する特徴のうち、特筆すべき最後のものは、適切性の基準を常に問題にするということである。経験知が科学的であるのは、その知がどのようにして獲得されたかの指針が、提供されている場合に限られる。しかもその指針は、知が得られた条件が再現可能であるためには十分なものでなければならない。経験的数値の評価について言えば、ほぼ正確な検証の有意を判定可能にする限界値が近似的に提供されねばならない。数学的言明について言えば、諸々の仮説や定義、また許容されている一群の論証規則こそが、示すべき定理に常に結びつけられる必要がある。すなわち、科学的知識というものは公共的でなければならず、言い換えれば、どんな人のチェック——もちろんそれは学問的なものでなければならないが——にも開かれていなければならないのである。

このとき確かに、科学には二重の本質的な認識論的特徴があるということを考慮に入れなければならない。第一は、単独で取り上げられた科学的言明が十全な意味を有することは稀であるということである。第二は、一つの全体として捉えられた理論をどのようにして検証するかということには、原理的な問題が生じるということである。まず第一の点について確認しておくべきなのは次のことである。科学的命題は諸概念が結合したものであり、それらの意味は一定の物理的操作によって規定され得るのであり、それらの操作自体も往々にして、より基礎的な一般的理論に二次的に依存している（例えば、重さの値は、それが秤で見積られるならば、梃子の理論に依存している）。しかし、これらの諸概念の意味は、たいていの場合、〔一定の物理的操作に規定されるのみならず〕理論的対象および理論的操作の体系内部におけるそれらの相互関係によっても同様に規定されている（例えば、熱力学におけるエントロピー*概念がそうである）。したがって、科学的事実の検証が要素的事象の単純な観察へと還元されるなどということはまず起こり得ない。もちろんのこと、検証作業は常に必然的に、そのような単純な観察という側面を伴ってはいる。例えば、計器の針の読み取りというような側面である。したがって、科学的事実の検証は解釈に依存しているが、以上のことからすると、それは明確な理論の内部で調整された解釈なのである。

　このようにして私たちは最終的に、理論の検証という〔第二の〕問題に引き戻されることになる。まず、はっきりさせねばならないのは、「理論」という言葉をどのように理解するのが適切かということである。私は、実際に定式化された——あるいは、定式化の可能性を秘めた——ひとまとまりの諸言明を「理論」と呼ぶ。このまとまりは、理論に固有のある種の演繹手続きに関して閉じられていなければならないであろう。言い換えれば、その理論に属している諸言明から演繹されるあらゆる言明もまたその理論の言明でなければならない。では、事実を予想できるということが、理論の適切性のための必要十分条件であると考えるべきだろうか。科学史における有為転変を検討して分かるのは、そのような立場はあまりにも乱暴である、ということである。疑いもなく、何も予想しない理論、あるいは偶然まかせで予想しているように見える理論は、全く怪しいしろものである。しかし、予想能力が理論を適切にするための必要条件だと主張したくなるときに私たちは、次のことをしっかりと押さえなければならない。科学理論は一般に、現実的事象（faits *actuels*）を直接的に扱うのではなく、むしろ、私が潜在的事象（faits *virtuels*）と呼ぶもの――すなわち、まさに理論を構成する諸概念の網の目の内部では完全に規定されるが、一つの経験の今・ここにおいて実現可能なものとしては不完全にしか決定されない、図式的な事象――を扱うのである。非常に単純な一例を挙げるならば、強さの知られている重力場において物体が落下するさいの時間と速度は、初等的な力学理論の内部において、潜在的事象として完全に規定される。しかしながら、この理論は、落下の現実的事象を完全には決定せず、また、それを決定することを何ら目指しているわけでもない。〔落下に関する〕個々の条件――理論がもっと完全なものである場合には考慮に入れられるような個々の条件――が当面の理論では捉えられないのである（例えば、空気抵抗、地球の中心への距離の二乗の関数としての重力の変化、である）。しかしもっと根本的なことがらがある。すなわち、理論が扱う潜在的事象は、個々の歴史的条件――すなわち、影響力に差があるとはいえ、観察された現実的事象をそれぞれなりに規定しているさまざまな歴史的条件――を意識的にそぎ落としたものなのである。したがって、予測能力が理論の適切性の基準であるとはいっても、それはもっぱら、次のような限界の内部においてのことである。すなわち、潜在的事象の部分的に非決定的な性格が、予測能力に対して許す限界である（ただし、潜在的事象の非決定性の度合いは、理論によって大いに異なる）。

　しかしそれでは、逆に、現実的事象の予測は理論の適切性のための十分条件である、と考えるべきであろうか。これは、とりわけ「決定的実験」という概念に関してこれまで議論されてきた問題である。「決定的実験」とは、「驚異的博士」と呼ばれたロジャー・ベーコンによってすでに一三世紀に導入され、ピエール・デュエムによって批判された概念である。[1] 決定的実験とは、実験の結果、ある理論が拒絶され、それと対立する理論が承認されるものだが、果たしてそのような実験が存在するのであろうか。全体論という立場（原語の「ホーリズム」は〔全体を意味する〕ギリシア語であるホロスに由来する）は、そのような実験の存在を認めない。なぜならば、全体論は決定的実験という概念に対して次のような反論を提示するからである。すなわち、俎上にのぼっている理論が実験結果を受け入れる――それどころか、場合によってはそれを予言する――ようにその理論を部分的に改訂することは常に可能である、という反論である。全体論者の中にはさらに一歩進んで、理論の数学的基礎と論理的基礎を場合によっては改訂したって構わないのだ、と主張する者もいる（例えば、クワイン）。このようにして彼らは、アプリオリであるがゆえに経験の偶然性に左右されないと普通は想定されている理論の〔数学的ならびに論理的な〕枠組みに特権的地位を与えることを拒否するのである。

（1）『物理理論の目的と構造』〔参考文献【28】〕、一九〇六年。

5. 以上に私たちが強調した三つの特徴は、世界に対する科学の一切の目標について当てはまるものだが、しかし厳密に言えばもちろん、これらの特徴が一つの方法を構成するわけではない。なるほどデカルトは、あらゆる科学的認識の諸規則を規定したいと思い、自らの著作に『方法序説』というタイトルを付けた。私たちは今、彼が方法という言葉をどのように用いたかを説明したい。まずは、例の有名な四つの規則を思い出そう。それらを、著者デカルトの見事な文言のままに引用しよう。

「第一に、私が明証的に真であると認めたうえでなくてはいかなるものをも真として受け入れないこと」。

「第二に、私が吟味する問題のおのおのを、できるかぎり多くの、しかもその問題を最もよく解くために必要なだけの数の、小部分に分かつこと」。

「第三に、私の思想を順序に従って導くこと。最も単純で最も認識しやすいものからはじめて、少しずつ、いわば階段を踏んで、最も複雑なものの認識にまでのぼってゆき、かつ自然のままでは前後の順序をもたぬものの間にさえも順序を想定して進むこと」。

「最後に、何ものも見落とすことがなかったと確信しうるほどに、完全な枚挙と、全体にわたる通覧とを、あらゆる場合に行うこと[1]」。

（1）〔参考文献【27】〕

これらは確かに規則であり、それゆえ、ここで語られているのは方法であると言ってよいように思われる。デカルトはこの方法を、おそらく代数方程式の解を数学的に発見したことを通して着想したのであろう。しかしながら、彼はこれを、きわめて一般的な方法として提示している。すなわち、単に「諸学問において真理を探究する」のみならずさらに「自らの理性を良く導く」ための方法としてである。今日では、〔そのような一般的な方法ではなく〕もっときめ細やかにことがらを教えてくれる方法が期待されるであろう。そして、まさにこれは、すでに一七世紀にライプニッツが、ジャン・ガロワ宛の書簡（一六八二年一〇月）で要求していることでもある。彼は、デカルトが原理として「明晰かつ判明に考えられるあらゆることは真である」ということを立てながらも「明晰・判明性を確認する印を提示[1]」しなかったといって非難したのである。ちなみに、〔デカルトとライプニッツの間に存する〕方法論のこのような相違の鍵について、ライプニッツ自身はある指摘をしている。コンリング宛書簡（一六七八年三月一九日）の中でライプニッツは、「自然についての諸学においても、あるいは機械術においても、デカルト的な原理を用いることで今日までになされた発見などない[2]」ということを強調しているのである。これはつまり、現代英米系の科学認識論者が「発見の文脈」と「正当化の文脈」と呼んだものを区別しなければならない、ということである。こうした論者のうちの一人N・R・ハンソンはそれぞれの文脈を、「科学的仮説を釣り上げることを可能にする技術」および「科学的仮説を食卓に出すための調理レシピ」という精彩に富んだ表現で区別した。[3] 少なくとも経験科学に関する限りデカルト的規則は、正当化の文脈に属している。それらは科学的言明の発見というよりもそれらの適切性に結びついている。それとは逆にライプニッツの目標は、「発見の術」を構成することであった。彼はそれが厳密に「論理的な」ものであり得ると考えた。それゆえ彼の方法は、発見の文脈と正当化の文脈との両方に関わるはずのものだったのである。

（1）〔参考文献【29】〕
（2）〔参考文献【30】〕
（3）P・ジャコブ編、『科学的発見の論理はあるのか』〔参考文献【31】〕、パリ、一九八〇年、四二四頁。

発見について、真の方法は存在し得るだろうか。〔先ほど発見と正当化の文脈を区別したがここでは〕むしろ科学的思考の「戦術的」条件と「戦略的」条件を区別しよう。まず「戦術的」条件を取り上げよう。それは、言わば手順の一歩一歩を従わせつつ、科学的思考の整合性を保証する条件のことである。厳密に言えばそれらは論理学に属し、主に正当化の文脈に関わるのではあるが、しかし決して、発見の文脈と全く無関係というわけではない。次に、「戦略的」条件を取り上げよう。それは、科学的思考の全体的な運動を規定する条件であり、これのおかげで科学的思考は、おそらくあらゆる領域に、また自らが提起するあらゆる問題に対応することができる。「戦略的」条件は明らかに発見の文脈に関係しているが、しかしまた、正当化の文脈においても建築術的で統制的である。その一般的規則はあらかじめ定式化することができないと思われる。だからこそ私は、科学の統一性を一つの真の方法によって性格づけることはできず、可能なのは科学のより一般的な目標を表示することである、と判断したのである。かくして、科学的思考の統一性が定説というよりもむしろ企てであるということが見えてくる。この企ての力強さを示すことがこれまで〔私たちによって〕試みられてきた。しかし、だからといって、科学的知識にはきわめて多様な形式が存在するということが、私たちの目から覆い隠されたわけではないのである。

Ⅲ 科学の言語

1. しかしながら、科学には次のような共通点がある。それを背景にするからこそ、科学の形式の多様性が科学の奥深い統一性を隠すというよりもむしろ浮かび上がらせる、というような共通点である。それはすなわち、科学が言語をどのように用いるか、である。どんな科学もある言語の内部――より一般的には、ある記号体系の内部――で作り出される。すでに第二章で見たように、アリストテレスは、科学は教育によって表現可能かつ伝達可能なものとならねばならぬ、ということを強調していた。すなわち、記号体系の使用は、単に、科学的認識の付随的で二次的な特徴にすぎないのではない、ということである。厳密に言えば、科学は表現されなければ存在できない。言い換えれば、記号体系の内部で対象を表象するのでなければ、存在できないのである。ここでは、記号体系という一般概念を、次のように粗っぽく定義するだけで済ませておきたい。すなわち、記号体系とは、あるときは諸々の具体的な経験対象を、またあるときは他の記号を指示するひとまとまりの記号である。そのようなひとまとまりの記号が、ある意味で閉じているならば——すなわち、新しい記号の構成が許されるとしても、その構成が規則に則っているならば——一つの体系を形成する。例えば、十進法の数字の体系や、アルファベットの体系（これも厳密に閉じている）、道路標識の体系、そしてもちろん自然言語の記号の複雑な体系である。科学の諸言語はたいていの場合、形式的な記号体系の特殊なクラスに属しているので、私たちは手始めに、その独特な性格を要約してみよう。

形式的な記号体系は、次のような明示的な規則を有する。すなわち、個々の物質的な記号において意味のある——意味作用をもつために必要十分な——ものを特定することを可能にする諸規則である。（例えば、具体的な場面での文字の形や大きさは、純粋にアルファベットとしてのその用法においては意味を持たない。）〔第二に〕形式的な記号体系は、有限個の要素的記号を有する（例えば、十進法では、0から9までの十個の数字が要素的記号である）。その他の全記号は、要素的記号から構成される。最後に〔第三に〕形式的な記号体系は、記号の結合規則を含んでいる。それらの規則が守られているかどうかによって、少なくとも有限な記号列に関しては、それらが正しく形成されているか否かを曖昧さなしに判別することができる。（例えば、算術の記号体系においては、「3＝＋」という記号列は正しく形成された表現ではない。この表現は、この形式的体系においてはナンセンスである。）

2. さまざまな科学は、その発展の過程の中で、成功の度合いにはばらつきがあるものの、形式的な記号体系を用いる傾向にある。私たちは、科学の言語がそのようにして練り上げられてゆく二つの事例を手短に描いてみよう。一方は化学の事例、そして他方は微積分の事例である。

化学の記号体系の歴史を見てみると、科学の発展とそれが用いる記号体系の発展との間に緊密な関係がはっきりと存在することに気付く。哲学者コンディヤックの弟子であったラヴォワジエが述べているように、科学を完成することなしにその言語を完成することはできないのである。化学の歴史の際立った第一の特徴は、「具象的」な体系から「記号的」な体系へと進化することである（この「記号的」という語はライプニッツの用いたものである）。「具象的」な記号体系（例えば、錬金術師の記号体系）においては、記号は感覚的イメージを、あるいは物体の占星術的ないし神秘的な特質を直接指し示している。

〔具体的には〕金の記号〔☉〕は太陽の形をしており、日曜日に結びついている。鉄の記号〔♂〕は右上に矢の付いた円であり、火星および軍神マルスに結びついている。錬金術師はさまざまな道具（例えば、るつぼ）やさまざまな操作（例えば、散布）を表現する記号も用いた。錬金術の公式とは、手順についての不正確な覚え書にすぎず、それはわざと難解に書かれていた。（パノポリス〔現エジプト〕のゾシモスが紀元三世紀に書いたとされる）錬金術の文献は、「理解したものは幸福なり」という言葉で締めくくられているのである。口伝でなされた古い化学においても、用いられる言葉はやはり明らかに具象的であった。そこには、料理法から取られた隠喩があったり（例えば、アンチモンのバター、酒石のクリーム）、占星術から取られた隠喩があったりした（月の濃硫酸）。

それとは逆に、より記号的な体系は、記号の分析を通じて表示対象の化学的な特徴を認識可能にすることを目指すものである。一八世紀の終わりになると、まだ非常に不完全な形態においてだが、記号体系のこのような変化が判然としてくる。〔ラヴォワジエの同僚だった〕ギトン・ド・モルヴォーは一七八二年に次のように書いている。「しかし今日の化学においては、酸は一八個もあり、それらの作用と産物は種々雑多であって、また土類は新たに二個増え、半金属もいくつも存在する。化学は、こんなにも多くの物質の相互作用を入念に吟味しているのであるから……いまや、それらの結果を混乱なく表示するための命名体系を採用することが不可欠である」(1)。その後一七八七年ラヴォワジエは大著〔『化学命名法』(2)〕の中で一つの「用語表」を提案している。それによると、化合物の名前は、塩基と酸の対比、および「酸化原理としての酸素」が果たす媒介的役割によって決定される。さらにラヴォワジエは、酸化の程度に応じて酸の語尾を「ique」と「eux」に区別し、また、それぞれに対応する塩の語尾を「ate」と「ite」に区別する、という命名法を導入したのである。

（1）『化学命名についての覚書』〔参考文献【32】〕。
（2）〔参考文献【33】〕

この歴史の第二の特徴は、口伝えの記号体系に対して筆記的な記号体系が徐々に優位を占めたということである。すでにラヴォワジエは、錬金術的な多くの記号を保持しながらも、もはや単なる薬の調剤メモではない公式によって化学反応を表現した。しかし、一九世紀になって初めて、化学者の認識を表現できる真の筆記法が作り出されることになる。〔スウェーデンの化学者〕ベルセリウスが、当時知られていた単体について、現在でも用いられている記号の大半を導入し、それらによって、物体の決まった質量を表現させたのである。[1] 言語の改良は、原子論の発展と並行的にその後継続されることになる。〔ドイツの化学者〕ケクレ（一八二九〜一八九六年）については次のような物語がある。グラパム・ロードからロンドンへ向かう乗合馬車の二階席に上がるとき、彼は鎖につながれた原子のダンスを想像した。そして彼は夢の中で、六つの原子がリングを構成し、その各原子に水素が一つずつ付いているというベンゼンの図形を見た。このようにしてケクレは、分子の連結および反応を空間的に表現するという手法を決定的に導入したのである。そしてこれは後に、〔フランスの〕ル・ベル（一八四七〜一九三〇年）と〔オランダの〕ファント・ホッフ（一八五二〜一九一一年）によって三次元的な図へと拡張されることになるのである。

（1）『化学表記法についての試論』〔参考文献【34】〕、一八一一年。

最後に、化学の言語の歴史を顕著に特徴付ける第三のことがらは、構文論の登場と発展である。錬金術で用いられた記号の大部分は、個々の物質を具象的に表わすばらばらの要素であった。それらは、調合法をメモするさいに単に並列されていただけであった。これらの記号は、少しずつ、〔化学〕反応を反映する規則に従って結合されていった。すでにアデとアッセンフラッツ[1]（一七八七年）によって、例えば水は水素の記号（⊃）と酸素の記号（—）との結合（⊇）によって表現されていたし、また、硝酸銀は酸素の記号、銀の記号（Ⓐ）と窒素の記号（／）の結合（Ⓐ/）によって表現されていたのである。

（1）〔参考文献【33】〕

このような歴史から私たちは、言語が改良され厳密に形式的な体系へと発展することが科学的知を表現面で進歩させたということのみならず、それが新しい認識のヒントにもなったということも、忘れてはならない。〔口頭ではなく〕筆記による表現は、諸々の作用の関係や可能性を目に見えるものにし、その後、それらについての経験的な検証ないし実現が試みられることもあろうし、また、それらが新しい理論的着想の出発点となることもあるだろう。

3. 第二の事例を非常に手短に示すことにしよう。それは、微積分の基本的な記号体系の形成である。カヴァリエリは、その『不可分なものの幾何学』――正式タイトルは『新しい方法による、連続体の不可分なものへと拡張された幾何学[1]』(一六三五年)――の中で、「不可分なもの」という名の下に、平面ないし立体(つまり「連続体」)の中で切り分けられた無限小の要素という概念、およびそれらの要素の総和という概念を導入した。彼はこの総和を、「すべて」を意味するラテン語の omnes の最初の数文字と、総計すべき諸部分の記号〔例えば w〕を置くことで、*omn* w と表記した。そのような記号体系では、w は漠然と総計されるべき小さな長方形ないし角柱を表わしており、そのような長方形ないし角柱の底辺ないし底面――等しい諸部分へと無限に分割されるところの変数――は表示されていない。確かに、カヴァリエリは時折り、*omn* y *ad* x と書くことで自分の表記法を補完した。このさい x は積分変数を表示し、y は総計すべき長方形の高さを表示している。ライプニッツがこの表記法を使い始めたのは、一六七五年のテクストにおいてであるが、しかし彼はそれと同時に、自分独自の記号体系を導入することになる。それは、「無限小」およびその操作という根本的に新しい彼の着想を反映するものである。すなわち彼は、変数 x に対応する無限小を表わすために dx と書き、x と y について取られた無限小の大きさの商の極限値を表わすのに $\frac{dy}{dx}$ と書くことになる。つまり $\frac{dy}{dx}$ とは、x の関数 y の、x に関する導関数というわけである。すぐさまこのような表記法は、記号 $\int$ を用いる積分の表記法によって補完された。ライプニッツはまず最初、関数 x^2 の積分を表記するのに単に $\int x^2$ と書いたが、後に $\int x^2dx$ という表記法を導入した。ライプニッツの記号体系が本質的に進歩した点は、〔第一に〕変数——すなわち、微分した幅を示す変数〔dx を表記することで変数 x の積分であること〕——を明示したというところ、および、〔第二に〕微分記号と積分記号が逆演算で結びつくことを示したところにあった。それどころかライプニッツはそれ以前には、積分を $\int x$ と書く代わりに $d^{-1}x$ と書くことも考えたほどである。これは興味深い表記法である。なぜならば、それは dx との逆関係を代数的に表現しているからである。しかしこれでは、積分変数と積分すべき関数とを楽に区別することができない。ライプニッツによる最終的な表記法は非常に適切なものだったので、アングロサクソン人ですら、ニュートンの表記法の代わりにライプニッツの表記法を使うようになった（とはいっても時代的にはかなり遅く、ケンブリッジでは一八一九年のことであるが）。一七八六年にルジャンドルによって発案され、一八二二年にフーリエによって実践された唯一の改良は、総和記号の上端と下端に定積分の積分区間を表記するというものである。

（1）〔参考文献【35】〕

ライプニッツが微積分の表記法を提案したのは、彼が微積分を発明したのと同時である。書簡のやり取りから分かるのだが、ライプニッツは同時代人の幾人かと表記法について議論した。例えば、ジャック・ベルヌーイ、ジャン・ベルヌーイ、ウォリス、ホイヘンスといった人たちである。彼はその表記法を大変重視した。比較対照のために、ニュートンが一七一四〜一七一六年の〔王立協会の機関紙〕『哲学紀要』に掲載したテクストを引用してみよう。「私は〔微積分の〕方法を表現するのに〔特殊な〕記号形態を設定せず、流量（微分すべき関数）あるいは流率（導関数）を表わすのに特定の記号を使用することにこだわらない」[1]とニュートンは書いたのである。おそらくニュートンが強調したかったのは――しかもそれは正当なことだったが――微積分は言語に還元することができないということだったのであろう。もっとも、ライプニッツの微積分が言語に還元することができるというわけでもない。しかしながら、良い表記法を選択することがどれほど重要かということははっきりとした。なぜならば、そのような選択が、ヨーロッパ大陸で微積分を早期に発展させることに大いに寄与したからである。

（1）『哲学紀要』第二九巻〔参考文献【36】〕、一七一七年刊、二〇四頁。

　したがって、科学がその言語に対して有する関係は、本質的である。しかしだからといって、極端な唯名論者や経験主義者がするように、次のような結論を下すとすればそれは間違いであろう。すなわち、科学とは、記号の体系以外の何ものでもなく、コンディヤック（一七一五〜一七八〇年）の有名な言葉を借りれば「よく出来た言語」にすぎない、という結論である。このような観点に立つ経験主義の主張によれば、あらゆる認識は経験に由来し、かくして経験は認識の完全な源泉なのである。また、唯名論の主張によれば、あらゆる認識は個別で、ばらばらな経験に由来し、言語によって導入された諸々の一般性は言わば作為なのである。こういった立場に立てば、科学的知識の積極的な内容は全て、科学に内包される言明のうち、経験を直接的に対象としている言明のうちに存在するということになろう。〔実際のところ〕現代の科学認識論者の中には、次のようなことが可能であることを示そうと挑戦した者がいた。すなわち、物理科学によって定式化された知識の説明を純粋に経験的な名辞へと還元すること、そして、きわめて複雑な——実のところ非常に不自然な——論理的操作を用いることで、全ての「理論的名辞」を排除することである（例えば、スニード『数理物理学の論理的構造』、ボストン、一九七一年[1]、フィールド『数なしの科学』、プリンストン、一九八〇年[2]）。ここで問題とされている理論的概念は本質的に数学的な本性に属する。したがって私たちは次の章では以下のことを問うことにしよう。数学的知識〔認識〕とは何か。また、数学的知識が経験諸科学において果たしている役割は、表現様式としての役割に還元されるのかどうか。〔後者の問いに対する〕私たちの回答は否定的なものとなろう。そして私たちは〔数理科学と経験科学という〕二つのものを次の観点からじっくり比較してみることになろう。すなわち、実現されるべき科学的目標の二つのタイプ、また、〔科学的〕対象の二つのカテゴリー、さらには、根本的に異なってはいるものの成果が相互に補完し合っている二つの方法——である。

（1）〔参考文献【37】〕
（2）〔参考文献【38】〕

第四章　形式科学と経験科学

数学は、私たちが今日理解する意味における科学の地位に到達した、歴史上最初の知識である。この特権はおそらく、この科学およびその対象の本性そのものに関係している。ある種の哲学者たち——そこにはプラトン主義者も新実証主義者もいるがそれぞれ違う意味において——が、数学にあてがう「形式」科学という呼称は、実際、数学が現象の観察からある程度は独立していること、それゆえに数学が思惟の力だけで発展させられ得るということを、強調しているのであろう。しかしながら、現実はそれほど単純ではない。というのも、一方で、数学的概念が引き出されるのは、しばしば、経験的観察によって立てられた問題をめぐってであるし、他方で、仮に数学が自然についての科学でないとしても、数学はそれでも真なる対象をもってはいるからである。

I　数学的対象

1. 数学的対象と数学的性質の事例をいくつか取り上げよう。

（a）三角形の三つの中線は相互に二対一に分割する。
（b）素数は無際限に存在する。
（c）有限体はどれも可換である。
（d）$x^n+y^n=z^n$という方程式は、もし整数nが3以上であるならば、正の整数解を持たない。

性質（a）を理解するのは簡単であり、感覚される対象に容易に関係づけられる。しかし指摘しておくべきは、（a）の検証は、私たちが視覚および触覚を通じて切り開かれる直観的空間の中では、十分な仕方で実行され得ない、ということである。（a）によって数学者が意味しようとしているのは、単に、三角形の三つの頂点から対辺の中点へと、定規を使って実際に引かれた三つの線が、唯一の点で相互に交差するように見える、ということにすぎないのではない。それは、「理念的」な対象（分厚さのない直線と、大きさのない点）が必然的にこの言明を満たす、ということを保証しているのである。言明（b）は、ユークリッド〔エウクレイデス〕の『原論』[1]第九巻命題二〇に他ならないが、これを一見しただけではいかなる同意も反対も直観的には出てこない。素数とはそれ自身と1によってしか割り切れない自然数のことであるが、整数列からそのような数をリストアップしていくとき、このリストに限界があるならばそれはなぜか、またないならばそれはなぜか〔について直観的には答えが出ない〕。したがって、非常に単純な——まさにそれゆえに模範的に美しい——ユークリッドの証明が私たちに与えてくれるのは、数という理念的な対象の有する予見不可能な一つの性質についての知識である。この数という対象は、操作しやすいとはいえ、私たちの想像力では捉え切れないものなのである。

命題（c）に関して。当然のことであるが、この命題は差し当たり、体*とは何かを知らない者を戸惑わせるに違いない。しかしながら、もしも分数を代数的に計算できるならば、すでに体の実例に慣れ親しんでいることになるのだ。なぜならば、分数が有理数体を形成しているからである。非常によく知られている他の体の実例は、「実数」と呼ばれる数の集合であろう。この集合には、加法・減法・乗法・除法という通常の代数的演算が備わっている。有限体はこれらに比べると馴染みが薄いものだが、その一例は、素数pを法とする整数のクラスからなる集合である。そこでは、pで割ったときの余りが同じならば同じ〔クラスに属する〕数と見なされる。そして、これらの数に対して、通常の代数的演算を行うことができ、そのとき計算結果も同じくpを法とするものである（(0)、(1)、(2)で、3を法とするときのクラスを表現することにしよう。そうすると、$(0)+(1)=(1)$となり、$(1)+(2)=(0)$となる）。しかし、体において操作は必ず可換である（すなわち、$a \times b$と$a+b$がそれぞれ必ず$b \times a$と$b+a$

（1）〔参考文献【39】〕

に等しくなるということ）とあらかじめ前提しなくてもよいので、この概念は決して自明なわけではない。〔体という〕この数学的対象は、すでにきわめて抽象的であり、一九世紀の代数学の主要な成果の一つであった。（c）によって言明された性質に関して言えば、これが体の定義に直接由来するわけではない、ということ、また、それが全く意外なことである、ということは明らかである。そして、（c）はその表現が単純であるにもかかわらず、証明するとなれば非常に複雑な手続きが用いられることになるのである。

命題（d）は「フェルマーの最終定理」として有名なものである。フェルマーはその証明を書き残さなかった。この定理の反例は何ら見つかっておらず、今日まで、偉大な数学者たちがこの証明に挑んできたが、まだ誰も成功していない[1]。したがって、私たちはそれが真であるか否かということをすら知らず、また、それが決定可能（すなわち証明可能）かどうか、あるいは反証可能かどうかということさえ知らないのである。

（1）〔この定理は後にA・ワイルズによって証明された（一九九五年）。〕

2. 数学的対象〔をどう捉えるかという問題〕をめぐって、いわゆる「プラトン的」な立場にしばしば対比されるのは「経験主義的」立場と「唯名論的」な立場である。経験主義的な立場によると、数学的対象は単に経験から抽象作用によって引き出されたものにすぎない。唯名論的な立場によると、それは規約および言語的構築物に還元され、いかなる実在性をも欠いた記号の遊戯に還元されるのである。経験主義的なテーゼは、幾何学の初期の発展と合致するように思われるかもしれないが、しかしながら、次のことを考慮する限り、それを擁護するのは難しいと思われる。すなわち、最も現代的な数学的概念のうちのいくつかは極端に抽象的であり、間接的かつ近似的な例示を目的とするのでなければ、ますます直観的に把握されがたいものとなっているということである。唯名論的なテーゼは、数学的対象は純粋に記号的なものであることを主張するのだが、二つのことがらと抵触している。すなわち〔第一に〕、数学的対象が経験的世界にうまく適用されるという無視できない事実であり、また〔第二に〕、全く正しく定義されているはずの数学的対象に証明されていない（証明不可能かもしれない）性質が認められることである。「プラトン的」なテーゼは、数学的対象が特殊な、言わば超感覚的な仕方で実在することを肯定する。数学的対象が堅固さ——言い換えれば、思惟に対する抵抗性——を有することは否定しがたいが、「プラトン的」なテーゼはまさにこの点を際立たせてくれる。〔例えば〕素数の一性質について言えば、それがもしも、有限個の場合に検証され得るか、あるいは反対の〔無限個の〕場合に証明されるかすれば、いかなる人もそれを矛盾なしに反駁することができないであろう。しかし、〔プラトン的なテーゼについては〕次のような問題が持ち上がる。すなわち、数学的対象のこのような実在性——つまりこれらの対象が思考の外にあるように見えること——をどう解釈すれば良いか、また、それらが経験的世界と記号体系の両方に対して有する関係をどう解釈すれば良いか、という問題である。

　数学の歴史は、対象の言わば自然な分類法を提示しているように思われる。まず古代人は、幾何学の対象と算術の対象をはっきりと区別した。幾何学の対象のうちで最も精巧かつ優れたものは長らく円錐曲線と正多面体であった。また、算術の対象は何といっても数（アリスモス）、すなわち正の整数であった。しかし、すでにエウドクソスの時代（紀元前四世紀半ば）とプラトンの時代には、そしておそらくは初期ピュタゴラス派のあまり良く知られていない時代（紀元前六世紀）から、これら二種の対象を接近させるものがあった。それは、「量」についての理論である。そして、この理論の後には、量の「比」（ロゴイ）についての理論が、さらには、代数的特徴を備えた、量についての幾何学的計算が現れることになる。そして、一七世紀末になると、偉大なる二人の創始者、ニュートンとライプニッツが、連続量に対する決定的な計算方法を発明した。そしてライプニッツは「超越」量という名称とそのほとんど現代的と言ってもよい概念を導入した。

このような無限小解析が発明されることによって、幾何学的対象は算術的対象に接近したが、一九世紀になると、この接近は、全く違う側面のもとでも現実化することになる。それは、抽象化された計算〔抽象代数〕によってである。そのさい、フェリックス・クライン（一八四九〜一九二五年）は、対象が従う変形規則を定式化することによって、複数の幾何学を定義することになる。それらの変形規則の特徴は、差し当たり本質的に代数的な、群をつくるという性質にある。

いずれにせよ、〔数学的〕対象の特徴付けは次第に抽象的なものとなった。これ以後、〔抽象〕代数学は演算の一般理論となり、数の概念から切り離された。数それ自体も、「虚」数が一六世紀に秘密裡に導入され、一八世紀の末には理由付きで公然のものとなって以来、目覚ましい仕方で使用が拡張された。なるほど直観的な整数は、数学的対象の王国において一つの地位、格別の地位を維持している。その王国では依然として、算術が女王として君臨している。というのも、証明こそされてはいないものの、ほとんど自明な用語で表現される予想が算術にはあり、しかも算術は他の領域に予期せぬ応用をみせるからである。

数学的対象が増殖し相互に絡み合ったことによって、とりわけ一九二〇年代において、対象の多様性を基本構造の多様性へと還元してみてはどうか、という着想が生まれた。すなわち、基本構造を豊かにすることで、数学において作られ現存する諸対象を再発見し、また分類することができるだろう、という着想である。この着想に、そのような構造を、公理と規則の定式化だけによって記述しようというアイデアが結びつけられた。いずれにせよ、この試みの成功から持ち上がる問題は、数学の統一性、および、創造された対象が〔複数の理論に〕広く分散してしまっていることである。この「創造された」という用語は、対象の驚くべき増殖を前にするとき拒否するのが難しい。しかしながら、「創造された」と言っても、これらの対象――しばしば存在とも言われる――の一種自律的な実在の観念を否定しなければならない、というわけではない。

3. 今述べたことを私たちは正当化したい。そのために、数学的な創造を、その創造によって引き起こされる対象と組織される操作体系との間の相関関係を定めるものと解釈する。

私が相関関係と呼ぶもの、つまり双対性とは、対象を言わば固有の生において維持する一方で、対象を操作体系と連関させるものである。この関係をよく理解するために、私はまず極端な事例を取り上げてコメントしたい。それはすなわち、狭義の論理学としての命題計算である。命題計算は、否定・選言・連言といった操作を含む一種の前・数学である。これらの操作が、所与の命題から新しい命題を創造する。ところで、命題というこれらの「対象」は、命題計算の内部では、実は、対象の影にすぎない。あるいはこう言いたければ、可能な具体的対象がそこに入るための空所にすぎない。それらは、計算の内部では、定立あるいは非定立される、真か偽かという以外のいかなる性質も持っていない。この性質は、「aあるいはb」「aならばb」といった複合命題であれば、「あるいは」や「ならば」という演算子を統べる規則によって厳密に決定されているのである。ここでは操作と対象との相関関係は最高度に完全である。言わば、操作と対象の対立度がゼロなのである。

ところで、このような初等的な論理学から本来の数学――集合論もすでに数学であるが、よりはっきりと〔数学的性質をもつものとして〕は、さらに数論、通常の代数学、無限小解析、幾何学――へと目を移せば、導入された対象はより複雑な操作体系に対して相関的である、ということが再び確認できる。しかし、これらの対象は、論理学の「性質なき対象」とは逆に、それらをもともと構成した操作体系の内部において直接読み取ることのできない豊かな性質を帯びている。このような体系を形式的に組織化することだけで、言わば新しい内容が諸対象に付与されるのである。これらの内容は決して経験的世界から取り出されたものではないので、私はそれらを「形式的内容」と呼ぶことにする。そのかなり単純な事例としては、複素数の導入を考えればよい。一六世紀の代数学者たちはある種の三次方程式を解くために、古典的代数の演算〔操作〕規則を踏み越えた。彼らは、負数の平方根を取り出せると仮想したのである。二世紀以上後になって人々は、新しい演算〔操作〕体系を正当なものと受け入れることで、この状態を正常化した。この体系では〔負数の根をとるという〕この操作は意味を持つ。結果として、ある新しい対象領域が作られたということ、すなわち、実数という先行する対象から成る体*が拡張されたということである。その後人々はこれを「複素」数と呼ぶことになった。複素数のプロトタイプ（産出的な単位）となったのは、実数 -1 の平方根である。これをオイラーは一七七七年に「想像上（imaginaire）」のイニシアル i で表示した。この記号が数学の言語に実際に導入されたのは、一八〇一年にガウスによってである。このように、操作規則の変更は新しい対象領域の創造と相関的であり、この場合は新しい体が形成され、先立つ対象はこの新たな体の一部に反映される。すなわち、複素数は常に、$u + vi$（ここにおいて u と v は実数である）という形式で表現され、それゆえ実数は、係数 v がゼロであるような複素数と同一視され得るのである。しかし、〔複素数という〕これらの新しい対象は、きわめて豊かな全く新しい性質を帯びたものとしていまや姿を現し、それら性質の探究が「複素解析」〔という新分野〕を構成することになるのである。

しかし、数学における操作と対象の相関関係の最も重要なポイントは、決定不可能な性質が登場することである。実際ゲーデルは以下のことを示した（一九三一年）。豊かさがあるレベルを超えると、公理体系（それは初等算術でも集合論でもよい）によって規定された諸対象について、対象の性質を定式化することができる、すなわち言明を構成することができるのだが、その中に次のようなものがあることが知られている。その言明とは、諸対象を生み出した操作体系である諸公理を具体化したもの（モデル）によって実際充足されるのだが、その体系が無矛盾であると仮定される限り、その体系内部において証明することも反証することも出来ないような言明である。すなわち、このようにして「対象的なもの」は操作的なものから言わば溢れ出ているのである。論理学の言明〔命題〕計算[1]の段階では、対象の影としての諸命題は完全に「透明」であった。すなわち、それらは公理の操作体系によって完全に決定可能であった。そして、対象の豊かさを一つだけ上昇したレベル――述語〔計算〕ないし関数のレベル――においてもまだ、この完全な決定性は持続している。ただし、それを機械的なものにするための（真であるすべての命題を証明するための）一般的に適用可能なアルゴリズムがないという意味で、このレベルは命題論理のレベルほど透明ではない。ところが、本来的な数学的対象においては、操作的な決定性を逃れ出る形式的内容が出現するのである。私見によれば、このようにして顕在化しているのは、思惟の操作に由来する諸対象が、そのような由来にも関わらず有する自律的な一貫性、言わば堅固さである。とはいっても、それらの対象が実際〔思惟によって〕創造されたものであることに変わりはない。もしもそうした対象のいくつかが、自然科学あるいは人間科学において経験を記述する枠組みとして利用可能であるとすれば、それは、数学が「可能な対象の形式についての一般理論」だからである。

（1）ここでは「言明（énoncés）計算」という語と「命題（propositions）計算」という語を区別していない。それらの相違は重要ではない。原則的には、「命題」とは「言明」が意味するものである。

II　数学における証明と真理

1. 人々は非ユークリッド幾何学*の発見まで、〔数学的〕対象の形式は、経験（とりわけ空間的経験）の対象にとってただ一つ可能な図式である、と考えていた。ユークリッド以来、人々は、そのような対象形式に関係している諸言明を、絶対的な意味で真であると見なすことができた。そして、その対象形式は、多少とも明示的な定義と公理の体系によって規定されており、言明はこれらの定義と公理から演繹されていた。このように数学的証明は、かなり早い時代より、公理体系の内部で諸言明の真理性を確立するものとして登場したのである。このような捉え方は、紀元前三〇〇年頃にユークリッドによって行われたが、前の世代に属するアリストテレスはそれをすでに成文化していた。しかし、アリストテレスも、その後何世紀にもわたる彼の後継者たちも、あらゆる数学的証明は三段論法の図式に還元することができると考えた。三段論法が適用されるのは、二つの概念を第三の概念の媒介によって結びつけようとする場合である。そのとき名辞によって表現される概念は命題のかたちで結合されており、それらの命題は決まった形式に従っている。例えば、「pは普遍的にqに属する〔全てのpはqである〕」、あるいは「pは何らかのqには属さない〔あるqはpではない〕」といった形式である。ところで、数学的推論が〔三段論法という〕このような様相のもとで展開されるのは単に偶然にすぎない。ユークリッド自身、ある程度慣例化した一般的形式のもとで数学的推論を展開したが、しかしそれは決して三段論法ではなかったのである。

実際のところ、数学者の仕事は決して証明に汲み尽くされない。数学者が遭遇ないし設定する問題は、なるほどある時は、「私はこの命題を真と予想するが、それを私は証明できるだろうか」という形をしているが、しかし他の時は、「しかじかの概念を再定義して、それがしかじかの新しい状況に応用されるように、また、しかじかの結果に意味を与えたりその結果を一般化したりするようにするには、どうすればよいだろうか」という形をしているのである。したがって、非常に多くの場合、ある予想を証明するにあたっての失敗こそが、多産的な探究や予期せぬ革新を生み出すのである。例えば、フェルマーの大定理や、とりわけリーマン予想*を証明するためにこれまでに費やされたむなしい努力が、数論のいくつかの大きな発展のきっかけとなったのである（O・ザリスキ、A・ヴェイユ、P・ドリーニュ）。同様にこれまで、不可能性に関するいくつかの証明が、実り豊かな発展の引き金となった（例えば、マティアセヴィッチによって一九七〇年に示された、整係数の多項方程式が有理数解を持つかどうかを判別するアルゴリズムの不可能性がそれである）。逆に、ある完遂された証明が、一つの命題、ときには一つの理論全体を、少なくとも一時的には後継者のいない、証明済みの真理の博物館へと追いやり、言わば〔発展の〕道を閉ざすということも起こる。

2. しかしそれでもやはり、数学的命題は、証明されて初めて正式な市民権を得る。証明が成立するのは、それを構成する要素が検証される場合である。検証されるべき要素とは、数などの対象に対する単純な演算の結果や、ある種の幾何学的形状の認知のことである。こういった要素を複雑な証明の内部において枚挙することが非常に膨大な作業となるとき、また、その枚挙の形成規則を数学者が認識している場合、その検証作業を機械に委ねるということが起こった。これが、「四色定理*」の証明のさい最近生じたことである（アッペルとハーケン、一九七七年）。そのような証明の適切性については異議が唱えられたこともある。しかしながら、コンピューターはこの場合、人間精神が図式化し、プログラム化した作業を単に反復的な仕方で実行しているだけであり、しかも間違う危険性は人間精神が行う場合よりも少ない、ということを指摘しておかねばならない。

なお、少なくとも今日まで、最もありふれた〔証明の〕手続きは、いわゆるモドゥス・ポネンスの規則が表わしているものである。すなわち「pならばq、しかるにp、ゆえにq」という規則であり、これは全く形式的で空虚である。なぜならば、証明の核心そのもの、すなわち「ならば」の論拠についてはそこで何も言われていないからである。まさにこの「ならば」こそが、それぞれの証明の歩みに固有のものであり、また、数学者の発明的天才に依存しているのである。しかしながら、背理法と呼ばれる〔証明の〕ヴァリエーションは若干のコメントに値する。そのとりうる図式の一つは次のようになろう。「aからbが論証される、ところが非bが検証される（あるいは証明される）、ゆえに、非aが証明される。」このような論法の妥当性はいわゆる排中律に依拠している。排中律とは、ある命題は真か偽かのどちらかだ、というものである。もしもその命題が真でないならばそれは偽であるし、また、もしもそれが偽でないならばそれは真である。命題の意味がしっかりと規定されているあらゆる領域において、排中律は、次のような場合には否定しがたいものである。すなわち、有限な集合に属する対象が考えられている場合である。有限であるために、原理的に、網羅的に調べ上げることができ、当該の命題が表わしている性質が存在するかしないかを確認できるのである。もしも集合が有限でないならば、状況は異なる。いわゆる「直観主義者」である数学者・論理学者（ブラウアー、ハイティング）は、数学的命題が検証されることを極限まで要求し、排中律の使用を拒否する。（有限でない集合において）あらゆるxが性質fを有する[1]——一般にこのことが偽であることを首尾よく証明したからといって、そのことから、性質fを有さないあるxが存在すると結論づけることを彼らは拒否するだろう。すなわち、そのようなxの存在は実際に確認されねばならない。理論はそのようなxを提示する手段を与えなければならないというわけである。ここで私たちは、このように要求することの論証および帰結について詳しく論じはしない。ただ、このような要求は、根本的かつ重要な点で古典的数学とは異なる数学を構成することになる、と言っておこう。例えば、二つの実数が相互に別個であるという性質を取り上げてみよう。〔直観主義者の立場に立てば〕この性質は、単なる不等性と「分離性」とに分裂することになる。そして、次のような場合が生じることになる。すなわち、ある数が0と異なる（要するに、それを0と等しいとすると矛盾が生じる）が、しかし、それが0から「分離」されていることを証明できない、という場合である。「分離」とは〔単なる不等性よりも〕強い性質であって、小数展開の各項を具体的に確認することが要求されるのである。

（1）このことは例えば、次のような再帰的推論によって証明される。番号を付された諸対象a_jについて考える。$f(a_n)$が成り立ち、$f(a_i)$ならば$f(a_{i+1})$が成り立つとせよ。そのとき、$i \leqq n$であるすべてのiについて$f(a_i)$が真であると結論される。

3. しかし私は、直観主義に関連して、数学の妥当性についての全体的な見方について特に取り上げてみたい。

ここでの問題は、ある数学的体系の無矛盾性を証明することができるかどうかである。直観主義にとっては、この問題は実際のところ提起されない。直観主義が構成する数学は、ハイティングの言葉によると「理論というよりは活動」である。〔直観主義者の〕数学は、一歩一歩進んでゆくそのプロセスにおいて、対象を実際に提示する可能性を自らに保証する。そしてその数学は、言わば、実際に歩いてみることで運動を証明するわけである。しかし、〔このようにして〕再構成された数学は、先ほど見たように、大半の科学者たちによって数世紀以来実践されてきた数学とは合致しない。

〔直観主義とは〕全く別の観点から、〔体系の無矛盾性の証明という〕この問題が実際に提起された。ヒルベルト（とアッケルマン、一九二五～一九二九年）が、きわめて直観的な部分に限定された算術を、無条件に基礎付けられた理論として捉えるように、そしてそれを、古典的な数学体系全体の無矛盾性を示すための「メタ数学的」道具として活用するように提案したのである。そのさい彼は、〔この制限された〕体系に現れる言明を「具体的記号」の配置と見なす。検証において行われる操作は、そのような配置を対象とするのである。ヒルベルトはまた、それらの操作が「有限主義的」かつ実際に行われることを要求する。このようにして彼は、複数のレベルの無限数を主張するカントール集合論に対して市民権を間接的に付与することが出来る、と考えたのである。それらの無限数は、ヒルベルトによって「理念的」と形容された。なぜならば、それらは、彼のメタ数学の要求を満たす直接的吟味を受け付けないものだからである。

このように、ヒルベルトの「形式主義」の動機は、ブラウアーの「直観主義」のそれと同様に、数学の無矛盾性の確実さを基礎付けることであった。すなわち、数学の営みにおいて、ある命題とその否定の両方（算術的には1≠1というようなこと）が定立されてしまうようなことが決してない、という保証を基礎付けることであった。しかし、ブラウアーの企ては、結果として、これまで目指されてきた数学という学問そのものの本性を変えてしまうことになる。他方、ヒルベルトの試みは、他でもないゲーデルによって示されたメタ数学の証明と衝突してしまう。ゲーデルは、ヒルベルトの精神に則りながらも、算術の無矛盾性の証明が不可能であることを証明したのである（一九三一年）。

したがって、数学それ自体を用いることで数学の全体的妥当性を抽象的に証明することは、解決不可能な課題、あるいは設定の仕方に難のある問題であるように見える。フレーゲ、次いでラッセルは、同様の目的意識をもって、数学を純粋論理学の概念に基礎付けようとかつて試みた。純粋論理学とは、命題計算と述語計算のことである。命題計算については、その無矛盾性も完全性も決定可能性も証明できる。すなわち、何らかの具体的解釈（モデルと呼ばれる）において真であると示されるどんな命題も、その体系で常に通用するアルゴリズムによって証明可能である。また述語計算は、同様に無矛盾かつ完全ではあるが、何らかのモデルにおいて検証されるどんな命題に対しても証明するための一般的アルゴリズムは存在しない。しかし、ラッセル自身、次いで他の論理学者たちが集合論のパラドックス*を発見したことによって、〔数学を純粋論理学によって基礎付けるという〕この希望は無に帰することになった。したがって、さらに詳しい事情が分かるまでは、数学の諸定理の無矛盾性については「局所的」な確実性で満足しなければならない。そして、数学の多産性は歴史上決して衰えることはなかったということの確認で満足しなければならない。また私たちは、本章第I節第3項で述べたことを思い出そう。すなわち、数学の一貫性の感覚は、数学が生み出す対象と数学が提示する操作体系との、完全に明示的ではあるが不完全な相関関係に由来するということである。したがって、数学は、他の科学に対して厳密な知識のパラダイムを提供し続ける。たとえ私たちが、その厳密さは常に相対的であり絶対的な基礎付けは達成されていない、ということを知っているとしてもである。

III　経験科学の対象

1. 経験領域に属することがらの科学的認識は、常に、〔第一に〕経験の抽象的な図式あるいはモデルを構成することにあり、そして〔第二に〕、論理学と数学を用いて、それらのモデルの抽象的要素間の関係を取り出して、そこから最終的に、直接的に観察可能な経験的性質に十分正確に対応する性質を導き出すことにある。したがって、経験科学の対象は、厳密に言えば抽象物なのであるが、しかしその抽象物は、一定の手続きに則って私たちの感覚による確認作業へと結びつけられることのできるものなのである。そうすると、科学哲学に提示される第一の課題は、最も直接的な経験と科学の抽象物との間の関係を記述し分析することである。第二の課題は、理論へとこれら抽象物がどのように組織化されるかを検討することである。第三の課題は、こういった〔経験的〕認識を適切なものにする手続きの意味および射程を探究することである。私たちは、この章では、物理的世界の経験〔を扱う〕だけで満足することとしよう。人間的事象の経験およびその科学的認識という非常に特殊なケースは次章で扱うこととしよう。

まず、自然科学における認識を定式化している言明をいくつか具体的に見てみよう。それらは単純な言明であるが、その内容は決して自明ではない。

（a）熱力学の基本的関係は、$T\,dS \geqq dU + dA$である。

（b）ホール効果とは、電流の流れている金属あるいは半導体*に電流方向に垂直な磁場をかけると、〔電流と磁場に〕垂直な電場および電位差が現れることである。その電場〔の強さ〕は、$\mathbf{E} = R.\mathbf{B} \times \boldsymbol{j}$である。ここで$\mathbf{B}$は磁場ベクトル、$\boldsymbol{j}$は電流密度のベクトル、Rはホール定数であり、記号×はベクトル積を表わしている。

（c）硬い（軟らかい）酸は硬い（軟らかい）塩基と相性が良い。軟らかい場合の相互作用にとっては電荷の制御が、硬い場合の相互作用にとっては電子軌道の制御が、最も重要である。

（d）DNAの二重らせんの二つの糸は逆平行であり、一本の糸は、逆向きの相補的な糸と対になっている。塩基の相補性のおかげで、DNAの合成は半保存的である。すなわち、各々の糸は、それを補完する他方の糸の合成のためのマトリクスの役をつとめているのである[1]。

（1）テクストの引用はしていないが、事例（c）は化学者P・ラズロ（『有機合成の論理についての理工科学校講義』、一九八八年〔参考文献【40】〕）から、事例（d）は『大百科事典』、一九九〇年〔参考文献【41】〕所収のA・カーン（A. Kahn）による項目「分子遺伝学」から取り上げた。

命題（a）は熱力学の二大原理から導かれる非常に一般的な公式である。それらの原理とは、エネルギー保存則と、低温物体から高温物体へと仕事なしに熱を移動させるのは不可能だという原理である。命題（a）は、系の状態およびその変化を特徴付ける量の関係を表現している。それらの量とは、絶対温度T、エントロピー*の変化dS、内部エネルギーの変化dU、そして、その系が外界に行った基本仕事dAである。エネルギーのこの不等式は、現象を抽象的に表現している。この式の抽象性は、受け取られた熱量に対応するTdSという項の中に含まれるエントロピーの変化が、実現不可能な可逆的な変換として定義されている、ただそれだけの理由からでも分かるであろう。とはいえ、人はこの公式から、冷蔵庫や熱ポンプの機能についての単純な理論を引き出すことができるのである。

命題（b）は人工的に産出される特殊な現象に関わっている。それは、「磁場」「電場」という抽象的な術語を用いて図式的に、電位差の発生という測定可能な効果を記述している。電位差の発生は、半導体*の図式によると、半導体の両面に正反対の電荷が蓄積することとして解釈される。

化学的命題（c）は、酸・塩基反応の一般的理論に関わるものである。これは次の場合にのみ理解可能である。すなわち、〔アレニウス等の理論ではなく〕あくまでもルイスの理論に従って――すなわち、電子の受け手と渡し手として――「酸」と「塩基」という語の意味を理解する場合である。また、「電荷制御」と「軌道制御」という語の意味については、物質の電気的モデルに従って理解しなければならない。二個の原子は、このモデルによると、それらが電子の「循環する」軌道を共有することによってか（共有結合）、あるいは、それらの電荷が全体として引き付け合うことによって（イオン結合）、反応する。したがって、あくまでもこのようなモデルの内部において、化学反応が実際に起こるときの観察可能な質的結果および数量的結果が意味を有するのである。

分子遺伝学に属する命題（d）は、DNAらせんの大まかな記述である。それは、核酸の化学理論を既知のものと前提している。遺伝子構造のこのような記述それ自体が大発見になったのである（ワトソンとクリック、一九五三年）。

以上に示した実例は、非常に理論的であると同時に、特定の現象の説明に関わるものである。これらの実例をサンプルとして、科学認識論にとって本質的な事実を浮かび上がらせてみたい。すなわち、経験科学が扱う対象は、常に抽象的な対象であり、多少なりとも直接的でない仕方で現象に結びつけられる、ということである。

2. 現象はどのような仕方で科学の対象へと還元されるのだろうか。何よりもまずこのことを考察してみよう。この還元によって登場する第一の特徴は、感覚的質の中立化、あるいは少なくとも、単純化である。科学的対象は、知覚される対象の〔質的な〕豊かさを保持することができないだろう。現象の感覚的性質の重要な部分は意識的に無視されねばならない。この還元の典型的な例は、ガリレオによってなされた、物体落下現象の図式化のうちに見出すことができるであろう。

自然の科学的研究の創始者〔ガリレオ〕は、彼が記述し、法則化しようとする〔落下の〕現象のうちに、落下の媒体〔空気〕の影響も、また、落下する運動体の形状の影響も、考慮しないことを決意した。少なくとも彼は、これらの影響が介入するとしてもそれがごく弱いものにすぎないような実験の条件——たとえそれらが虚構的なものであろうとも——を規定しようと努めた。〔四日間の対話で構成される〕『新科学対話』[1]の初日において彼は、自らの代弁者サルヴィアチの口を借りて言う。「もしも私たちが、実際のところ、個々の多様な重さの運動体が媒体を通過するとき、通過が容易になればなるほど、それらの速さがますます異ならなくなる、ということを見出すならば、そして最終的には、真空ではないとしてもきわめて微細な媒体においては、そして非常に異なる重さに対しては、速さの隔たりがきわめて小さくほとんど感じ取れないほどのものであるならば、その場合人々は、きわめて大きな蓋然性をもって次のことを認めてよいと思われます。すなわち、真空中では、諸々の〔運動体の〕速さは全て同じであろう、と。」このようにガリレオは、科学史家コイレの表現を用いれば、言わば「実在の外部に身を置く」ことを受け入れたのである。

(1)『二つの新しい科学についての対話と数学的証明〔新科学対話〕』(ライデン、一六三八年)。この著作からの引用は、モーリス・クラヴランによる注釈付きの見事な翻訳(アルマン・コラン出版、一九七〇年)〔参考文献【42】〕に拠ることにする。

ということは、落下現象の記述は速さの変化の記述へと還元されたわけであり、つまり、通過する空間と通過にかかる時間という二つの要因のみを介入させる記述に還元されるのである。

このような見地からガリレオは加速度運動の抽象的モデルを導入する。それは〔加速度運動の〕ありうる一つの定義として、しかもその最も単純なものとして提示される。確かにその狙いは、「自然が用いる通りの運動に正確に関係づけられる定義を見出し説明すること」であった。しかし、「何ものも、私たちがあるタイプの運動を恣意的に想像し、次いでその運動の特徴を考察することを妨げはしない」(仏訳、一三〇頁)のである。ガリレオが定義するのはそのような抽象的かつ潜在的な対象なのである。ここで潜在的という語は、私たちがすでに確認した意味——すなわち、その実際の実現化にとって全ての副次的な条件を取り去ったという意味——で用いられている。そしてガリレオは、この〔運動という〕抽象的で潜在的な対象を、「任意の等しい時間の断片において、等しい速さの増加分が生み出される」ところの運動として定義する(仏訳、一三一頁)。まさしくこのような、潜在的事象の抽象的モデルにしたがって、『新科学対話』三日目に展開される全ての推論が繰り広げられることになる。それらは、当時まだ誕生していなかった無限小計算の助けなしに巧妙に遂行され、そして、加速度運動の、それ以後古典的となる諸性質を確立するのである。すなわち、速さは通過する時間に比例するという性質、また、通過する空間は時間の二乗に比例するという性質である。よく知られているように、それ以前の論考（一六〇四年）においてガリレオは、この点について間違いを犯した。すなわち、彼は、速さは時間ではなく空間に比例して増大すると考えたのである。しかし、たとえ数学的には間違っていたとしても、その論考において彼が行っていたことも〔『新科学対話』においてと同様に〕やはり抽象的モデルについての分析だったのである。

ガリレオの考えでは、落下運動という潜在的事象の検討は、当然のことながら経験の実際の事実との照合によって補完されねばならない。これは、『新科学対話』に登場するアリストテレス主義者シンプリチオが注意を促すことである。〔ただし〕実験的確証の重要性が『対話』でとりわけ強調されているとしても、そこで言われているのは実験を実際に行うことではなくその誓約であると考えて構わない。むしろ、さまざまな点で近代人であるガリレオが技術に対して関心を示している、という点を見逃してはならない。このことは、サルヴィアチがその最初の発言において、ヴェネツィアの有名な兵器工場を賞賛していることによって示されている。しかしながら、ガリレオの主要な功績は、この運動学という新科学の対象に関する着想にある。すなわち、運動を、数学的に探究可能な潜在的事象の図式にしたがって結びつけられた諸々の単純な要素へと還元するという着想である。見て取れるように、この段階では、〔科学的な〕説明とは、抽象的なファクター——ここでは空間、時間、速さ——の関係を正確に記述することに他ならない。この場合、力学の法則とは、潜在的事象の定義としてひとまずは示されるそのような記述以外の何ものでもない。しかしながら、すでに『新科学対話』の中には、より完全な説明のための前提が見出される。この説明はその後、運動の因果的な記述を可能にする抽象的モデルの構成によって成立することになる。このことはニュートンを例に取り上げれば分かる。彼は確かに因果的という語をある意味で拒否しつつも、慣性の原理および引力の法則を用いて、運動を因果的に記述したのである。ガリレオにおいては、慣性の原理は〔次に引用するように〕まだ不正確にしか定式化されていない。「大きい小さいにかかわらず何らかの速さが運動体にいったん伝えられれば、その速さは、運動体の本性のみを理由として、また、加速や減速といった外的原因が抑えられている限りにおいて、そのもののうちに刻印され、消え去ることはない」(「第三日」、仏訳、一七八頁)。確かにガリレオは、重力によって加速される運動の「原因」は運動体の内部にあり、また地球の中心方向に向かって働くと考えた。その結果として彼は慣性の原理をその十全な意味で捉えることができなかった。しかし、彼以後、科学的対象は、ガリレオ的な運動事象のモデルに基づいて理解されることができるようになった。このモデルをもたらしたのは、経験の図式化であり、経験を概念体系の内部へと挿入することである。そのとき対象は、概念体系の内部において意味を持つのであり、この体系が対象の言わば参照枠組みの役割を果たすのである。いまや私たちは、そのような体系——言い換えれば、科学理論——の本性をこそ検討しなければならない。

IV　理論

1.「大規模な〔偉大な〕」理論の一例として、『自然哲学の数学的諸原理《プリンキピア》』[1]（ロンドン、一六八六年）で提示されているニュートンの重力理論を取り上げよう。同書初版の前書きでニュートンは次のように書いている。「哲学［ここでは自然科学のこと］が担っている任務の全体は、運動の現象から出発して自然の力を探究し、この力を基にして他の現象を論証することにあると思われる」（XVII頁）。野心の広大さが窺われる。すなわち、観察可能な運動現象を、それらを説明する力の潜在的体系へと関連づけ、またその体系を基に、他の全ての現象を説明つまり演繹するというのである。力の体系の発見こそが理論の核心を構成している。力の認識がなかったために「哲学が今日まで行ってきた自然探究の努力は無駄だったのである」。そして、ニュートンは、「同様の推論によって――言い換えれば、力学的な原理を基に――自然現象の残る部分も導出できる」と自分は考えているのだ、と付け加えている（英訳、XVIII頁）。

（1）以下、モットによる英訳（一七二九年）から引用する〔参考文献【43】〕。これはカジョーリによる注釈付きで刊行された（バークレー、一九三四年）。

2. 理論はまず、説明しようとする現象を記述するための枠組みを提示する。この枠組みは『プリンキピア』では、巻頭に定義という形式で登場する。定義されるのは、質量、運動量〔質量と速度の積〕、物体の静止状態ないし等速運動状態を変化させる原因としての外力〔定義Ⅳ〕、求心力によって生み出される加速度〔速度の増分〕である。これらの定義に続く有名な注解においてニュートンは、空間および時間についての彼の捉え方を明示する。すなわち、空間および時間とは、全ての現象の記述の土台となる枠組み、基礎的な座標系〔参照枠組み〕だというのである。彼はこのことを、一般的な偏見を批判することで説明している。そして彼は、「相対的なものと絶対的なもの、みかけのものと真なるもの、日常的なものと数学的なもの」との対立を強調する〔英訳、六頁〕。時間、および現象がそのうちで記述されるところの空間は、感覚が私たちに直接明らかにする現象〔が相対的であるの〕とは逆に、絶対的である。確かに、ニュートンは、絶対運動が私たちにとって捉えがたいことを認める。というのも、実際の運動が生起する場所としての不動な空間の諸部分を、私たちは感覚することができないからである。しかしながら彼は、物体が回転するときに遠心力が現れることが、絶対運動〔の存在〕を判断する基準であると考えた。

3. しかし、理論は現象を記述する規則のみを土台としているわけではない。それはまた、一般的な仮説ないし原理をも設定している。それらは、ニュートンの著作では「公理および運動法則」と呼ばれている。例の三大原理である。すなわち、慣性の原理、「運動の変化」すなわち運動方向における加速度に外力が比例するという原理、作用と反作用との同等性の原理である。これらの命題は明らかに、実際に観察される現象において直接的に確認可能な性質とされているわけではない。これらの原理は、私たちが運動の抽象的な潜在的事象と呼んだものを構成する性質を表わしている。例えば、慣性の原理を経験的に確証するためには、実験対象となる運動体にあらゆる外力が及ばないようにすることが必要となるであろう。ところで、ニュートンの世界体系を展開してゆくと、〔三大原理のみならず〕あらゆる物質の間に引力が働くことが要請されるに至る。したがって、実験対象となる運動体は、絶対的に隔離されねばならないことになり、その運動は、絶対空間において記述されねばならないことになる（確かに、この最後の点について出来ることは、座標系を〔星座などの〕「固定した星々」によって定義することで満足することであろう）。

もちろん、理論は経験的データも含んでいる。それは、ニュートンが狭義において現象と呼び、第三巻の冒頭で列挙したものである。惑星軌道に関係するこれらのデータは、ケプラーによって根本的な経験法則として発見された規則性を成しており、ニュートンもこれらの法則を取り込んでいる（現象三、四、五）。彼は、公転の距離および時間について新たな計算を行い、そして、木星と土星の衛星軌道についても同様のデータをやはり示している（現象一、二）。これらはまさに経験的な項であり、これに対して純粋に理論的な項を対置することができる。引力も経験的な項に属することになろう。引力とは、〔経験的データに基づく〕計算によって天体の公転の原因と想定され得るものなのである。これとは対照的に、私たちは後に〔第六章で〕、理論的——とりわけ数学的——な要素が、理論の形成のみならず、さらにはとりわけ概念の発明において果たす役割をむしろ強調することになる。すでに見た通り、数学は可能な対象形式についての一般理論と見なすことができる。まさに数学者の仕事こそが、経験科学がその潜在的対象のモデルを構成するために必要とする抽象的概念を提供するのである。これには二つの場合がある。第一に、それらの対象形式が、数学者たちが応用の計画など持たずに積み上げた知識の宝庫のうちにあらかじめ存在している場合である（例えば、量子物理学の基本的な道具となった「ヒルベルト空間*」の場合がそうである。また、テンソル計算も〔一般〕相対性理論が後に用いることになった）。第二に、物理学者・化学者・生物学者自身が、自分たちが持ち合わせていない道具の特徴を描き出しつつ、多少とも正確な要求を形成した後で、数学者の誰かが、こうした要求一覧に興味を抱き、彼らにその道具を提供する場合である（微積分が部分的にこのケースに当てはまる。微積分は、一七世紀末に登場した力学の問題を解くために大いに必要とされたのである）。

V　経験科学の命題の検証

1．経験科学の命題は、所与の理論の「参照枠組み」の内部で正しく定義される真理として提示されている。しかし、理論構成が刷新され得るということ、また、観察や計測の手法に十分改善が期待されるということを考慮する限り、その真理性は、経験に依存した、あくまでも部分的かつ暫定的なものであることになる。経験科学の命題はそのような一時的なものではあるが、やはり検証を必要とする。チェックにさらされるということが、経験的命題が科学的であるための本質的条件なのである。カール・ポパーは、いまや古典的となった著作の中でこの点を大いに強調した。[1] そして彼は、その条件を反証可能性の規準が存在することと見なした。すなわち、ある命題は、経験科学の命題であるためには「経験によって反証され得るのでなければならない」（仏訳、三七頁）のである。反証可能性というこの基準は、疑いなく根本的である。実際、もしも人が反証可能性の余地のない命題を無思慮に許容してしまうならば、その場合全てあるいはほとんど全て〔の命題〕が許容されることになる。とはいえ、必要とされているのは反証の経験的状況を考案する可能性だけであり、必ずしもそれらを具体的に実現することではない、ということには注意しよう。しかしながら、科学に登場する命題の種類をより詳細に検討すると、〔反証可能性という〕この基準の届く範囲に違いが出てくることになる。

（1）『科学的発見の論理』〔参考文献【44】〕、一九五九年、仏訳は一九七三年。

以上の議論をさらに詳述する余裕はない。そこで、理論の「参照枠組み」を構成する基本的な原理と仮説の実例をのみ示すことにしよう。これらの原理と仮説の反証可能性は、理論そのものの不首尾を通して間接的な仕方でのみ、要求することができるのである。慣性の原理はその単純な一例である。慣性の原理は、このような場合、命題の意味そのものが、経験的に実現不可能な条件項によって条件づけられているということを十分明瞭に示している。熱力学第二法則（エントロピー*増大の法則）についても事情は同じである。これは一つの孤立系を前提すると同時に、無限小レベルでは諸々の可逆な〔エネルギー〕変換を前提している。それどころかもっと一般的に言えば、もしも経験科学が論理的な意味での存在命題（「しかじかのようなxが存在する」）を定式化することが避けられないならば、まさにそれらの命題は、探究すべき対象xの領域が（実質的に）無限である限りで、厳密には反証不可能と見なされざるを得ないであろう。

2. したがって、確かに反証可能性という基準が権利上は決定的なのだが、ここでは、たとえ不完全なものであろうと検証のための〔反証ではない〕積極的な基準についても考察する必要がある、ということも認めることにしよう。まず考慮すべきは、近似の観念である。経験科学は概念を用い、さらには概念の連鎖としての法則を用いるが、確かにこれらは潜在的事象の図式以外のものではない。そうであるならばこれらの概念と法則は、経験の実際的な諸条件に関しては、その本性からして、未決定な部分を有していることになる。そうすると、科学的知識にとっては、観察・計測が理論的結果（これが潜在的事象に関わる）と正確に一致することが最善なのではない。事実についての検証すべき理論に、検証手続きの理論を重ね合わせることが最善なのである。この後者の理論は、とりわけ、到達すべき近似の限界について、また、信頼してよい近似の正確さについて指示を与える。したがってここには、厳密に言えば、理論から別の〔検証手続きの〕理論への無限後退が存在するわけである。しかし、得られた〔理論の〕成功のおかげでそれ以上後退せずに済む、そのような現象が実際には現れるのである。さらに言えば、最も抽象的な理論が、一気に最良の近似を提供することがしばしばある。それらはすでに、言わば自分固有の検証理論を内包しているのである。量子力学は明らかにそのようなケースである。量子力学における確率的予測は他の領域では知られていない近似によって検証される、と言われている。

3. 次に考慮すべきは、まさにこの確率的命題の検証についてである。検証手続きそれ自体の理論についての先ほどの議論〔無限後退の停止に関わる議論〕は、そのような命題を暗に導入していた。〔検証手続きに関する〕この理論が私たちに告げるのは、例えば、ある値が所与の幅にある確率はしかじかである、ということである。一般に、自然科学の理論から導かれる非常に多くの経験的結果は確率という形で与えられるのである。

確認しておこう。抽象的な量としての確率は純粋数学の概念であって、0と1との間の実数として定義される。数1が割り当てられている全体集合の部分集合にこれらの実数は付与され、数0は空集合に割り当てられている。値のこのような割り振りは、いくつかの単純な公理を満足すべきという点を除けば、数学的に任意である。それらの公理の実例としては、二つの共通部分をもたない集合の和集合に付与される確率はそれらの集合各々に付与される確率の和である、というものがある。最も単純な直観的イメージ——そして、パスカル（一六五四年）、フェルマー（一六五四年）、ジャック〔ヤコブ〕・ベルヌーイ（『推論術』[1]、一七一三年）の業績に登場する、歴史上最初のイメージ——は、これらの部分集合に対応する事象のさまざまなケースの相対頻度である。例えば、裏面が出るという事象と表面が出るという事象である。しかし、そのようなイメージに由来する確率計算の根本的かつ基本的な特徴は、勝負が n 回行われるとするならばその n 回の結果について潜在的に可能な場合すべて（当該事象の頻度はそれら各々の場合で異なる）が考慮される、ということである。

（1）〔参考文献【45】〕

科学的命題が、しかじかの事象 E が確率 p を有すると主張するとき、私たちは何をどのように検証できるのであろうか。この主張は権利問題としては、実際に行われる試行列において、事象に対して確認される頻度のどんな値とも両立可能である。なぜならば、それは単に、事象 E の頻度の数学的期待値は、*試行が無限に行われた場合には p へと「収束する」とのみ主張しているからである。したがって検証のためには、十分な数の試行を行うことが要求されるであろう。しかし、〔十分な数を行っても〕事象が p に十分近い値をとる試行の頻度が、抽象的な意味での厳密な確率を与えることはないであろう。

このように確率計算は、厳密には、抽象的な潜在的試行という数学的対象にのみ関わっている。この計算がもたらすものは数学的期待値からの隔たりの確率である。「大数の法則」を精華の一つとするこの定理は経験については私たちに何も語っていないのである。しかしながら、実際の世界においては、私たちは以下のように推測すればうまくいくのである。〔第一に、〕観察される隔たりの頻度は計算上の抽象的な確率にかなり近いものであろうと推測する。〔第二に、〕0に十分近い確率にはほとんどあり得ないということが、1に十分近い確率にはほぼ確実であるということが実際のところそれぞれ対応しているのだと推測するのである。

4. 第三に、そして最後に考慮すべきは、個別の言明の検証ではなく、ひとかたまりの命題からなる理論の検証に関わる。なるほど古代および近現代の科学史が提示するのは、一つの事実あるいは事実の連鎖（つまり一つの法則）を表現する個別の命題が理論体系全体を検証するのに寄与した、というさまざまな事例である。私たちは一八四六年九月二三日にベルリンの天文学者ガレが望遠鏡で海王星の出現を捉えたという有名な出来事を知っている。海王星は、ル・ヴェリエの計算が予測していた、天空のまさにその場所に登場したのである（もっともそれよりもさらに前にイギリス人学生アダムズが計算を行っていたが、そちらは知られていなかった）。これらの計算は、天王星の軌道の不可解な乱れについてなされ、その乱れは、当時はまだ知られていない惑星の存在が原因であると想定されていた。そして、それらの計算は、ニュートン理論の枠内で行われたものであるので、この理論に輝かしい確証をもたらすものと見なされた。これとは逆に、ある理論の内部において説明され得ない事象が新しい理論によって説明されるならば、そのことで、後者の理論が確証される度合いは明らかに増大する。〔例えば〕水星の近日点が一〇〇年ごとに移動することは、ニュートン力学では説明不可能だったが、一般相対性理論によって良い近似のもとに予測されたのである（もっとも、他の作用を遮断するためにデータを数学的に複雑な処理にかけたおかげだったのではあるが）。

しかし、私たちがこの章の第Ⅴ節第1項で見たように、確証という作業は、法則に対してであれ理論に対してであれ、完全に決定的ではあり得ないであろう。真に提起されるべき認識論的問題は、むしろ逆に、理論に対して一つの事象が有する反証的な価値の問題である。一つの否定的事象を理論が吸収できない場合、その事象は理論を反証するのに十分であろうか。比較的最近の最も目覚ましい事例は、一八八一年と一八八七年に、マイケルソンとモーレーが行った実験の結果によって与えられた。その結果は、マクスウェルの理論の枠内では、エーテルが電磁振動およびとりわけ光学現象の不動の媒体であるという仮説に反するものであった。マクスウェルの理論によれば、不動のエーテルに対する光の速度は、古典力学〔速度の合成則〕に従って、その実験における測定装置の相対速度を含めた仕方で計測されるはずであった。ところが、それらの実験は、予想される誤差を考慮するとしても、光の速度が一定であることを示したのである。したがって、この現実的な事象は、理論の潜在的事象、さらには古典力学の非常に一般的な潜在的事象も間違っているとはっきり述べ立てたのである。私たちはここで、エーテル仮説の歴史が辿った変遷や、アインシュタインの相対性理論が選ばれ古典的な力学理論が最終的に拒絶されるまでの興亡を辿ろうというのではない。私たちはただ、ローレンツによる電磁気理論修正の最初の試みが、もともとは、マイケルソンとモーレーによる実験結果からどうやら独立しており（ローレンツはこの実験結果を参照していない）、マクスウェル方程式*についての批判的考察に由来するものであった、ということを指摘しておこう。マクスウェル方程式から導かれる非対称性[1]に対するアインシュタインの考察の場合も同様である。これらの方程式は、絶対的な静止状態にあるエーテルを基準として考えられたものであり、その非対称性は、現象には現れ出てこないのである。なるほど、〔マイケルソンとモーレーによる〕否定的な実験結果は、エーテル理論の批判を強めるのに大きく寄与した。しかしながら、アインシュタインが一九〇五年に新たな理論〔特殊相対性理論〕を公表した後でさえも、不動のエーテルの理論をこれらの実験結果と調停するための試みがなされた。もっともそれは、いくつかの新しい仮説〔の導入〕という代価を払ってのものであったが。したがって、マイケルソンとモーレーの実験を真の決定的実験――すなわち、二つの理論のうちどちらかの選択を強制するような実験――と認めることはできないのである。

（1）〔マクスウェルの方程式では、静止したコイル近辺で磁石を運動させると磁石の周りに電場が生じるが、逆に静止した磁石近辺でコイルを運動させた場合には電場が生じない。一九〇五年の特殊相対性理論で解決されたものの一つが、この非対称性であった。〕

決定的実験が存在しない、あるいは少なくとも稀にしか存在しない、ということから、ラディカルな「全体論的」認識論が必然的に結論することになるわけではない。この〔クワイン流の〕認識論の主張によれば、経験的世界に関する理論は言わば「可塑的」な全体を構成するのであって、実験結果がその理論と矛盾するように見えるからといってその理論が丸ごと拒絶されるのではなく、その一部を改変することは常に可能であろう、ということになる。第三章（第Ⅱ節第4項）ですでに言及したように、極端な全体論に立つと、どんな理論にも内在している通常の論理の硬い核をときに廃棄することまでが許容されることになる――もしも、とりわけ深刻な場合にそのような硬い核の廃棄が理論を救うように見えるのならば。私たちの考えでは、それは誤解である。例えば、量子現象の解釈は排中律の論理と一見矛盾する。この矛盾を解決する手段は、推論の中で実際に機能している操作的論理を改定すること――しかも非現実的な改定を行うこと——ではない。そうではなくてむしろ、確かにラディカルな作業にはなるが、対象記述の古典的な枠組みを、すなわち私たちが対象の「カテゴリー」と呼んだものを鋳直すことなのである。

このようにして分かるのは、物理や生物の事象に関する科学的知識は理論体系へと必然的に組織化され、そのときそれらの体系は、数学によって構成される可能な諸形式で構造化されるということであり、また、そのような知識は経験によって不断にチェックされている、ということである。

第五章　自然科学と人間科学

前章で私たちは、数学という「形式」科学と経験に基礎を持つ科学との対立関係および相補関係から出発した。それは、これらの学の対象と方法の多様性を検討するためであった。いまや私たちは、経験科学そのものの内部にある、もう一つの対立関係から出発することにしよう。それは、自然についての科学と人間的事象についての科学との対立である。そこから、後者の科学の特徴を考えてみよう。

もっとも、人間的事象の知識に対して「科学」という名称を適用することは、ある人々からは言葉の濫用と見なされるであろう。実際のところ、社会学あるいは心理学、経済学あるいは言語学が、現時点であれ過去の時点であれ、物理学や化学、さらには生物学と同様のレベルの堅固さおよび多産性を誇り得ない、ということは十分に明らかである。それではどのような意味において、それらに科学という名前を与えることが認められるのであろうか。

明らかに、根本的な障害は、人間の振る舞いという現象の本性にある。人間の振る舞いは、対象——すなわち、論理的にそして数学的に操作可能な抽象的図式——へと簡単に転換されることを阻む意味をずっしりと担っているのである。このような困難から、人間的事象を科学的に取り扱いにくくする全ての特徴が生じる。とりわけ自由および予見不可能性という特徴、さらには、実証性と規範性との間や現実と願望との間に人間的事象が示す緊密な結びつきという特徴が生じるのである。感情、集団的反応、言語的事象を抽象的図式へと還元することはきわめて困難なように思われる。それゆえに問題は、これらの人間的事象を還元することではなく、それらを概念体系の内部で——たとえ部分的にであれ——表現することに存するのである。

I　歴史学という極端な事例

1. さて、人間的事象の有するこのような側面は、歴史学というきわめて特殊な学問分野の中で真正面から探求されている。歴史学といってもさまざまな形態があるが、それらを人間の科学に数え入れることを拒絶するのは無理であろう。遺跡や証言を洗い出しチェックし解釈するといった諸々の学問的手続きは、自然科学における観察や実験を制約しているのと同一タイプの規則に従っているのである。

しかし、歴史的知識と自然科学の最終目標は同じものではない。自然科学の目標とは、私たちが指摘したように、潜在的事実の抽象的モデルを形成することであった。そして、このモデルの数学的構造が、さまざまな可能性の照合や予測可能な具体的場面の選択について手がかりを与えてくれるのである。歴史学者が直接目標にしているのは、彼が記述すべき具体的事実であり、それゆえ、歴史学者の技は究極的には、それら具体的事実をできるかぎり正確に再現することなのである。そういうわけで、言ってみれば、歴史学の対象は常に個体である。すなわち歴史学者は、特異な実在――もちろん時空間の唯一の文脈において規定されている実在――を表現しようとする。純粋な姿での歴史学の絶対的理念は、結局のところ、「真なる小説」というわけである。

2. 歴史認識の理想像は、このように「ポイエーシス〔詩作〕的」である。ミシュレのような歴史家は、まさしくそのような理想像を徹底的に追求したのである。しかしながら、そのような場合の歴史認識でさえ、常に説明を伴っている。実際の歴史学は、人間的対象をできるだけ具体的に復元することだけを目指すのではない。さらにまた、それらを概念体系――パスカルの表現を借りるならば「現象の理由」を与えることができるような概念体系――の内部に取り込むことをも目指すのである。ここから帰結するのは、例えば、本来の歴史学と社会学との間に境界線を引くのが困難な場合がある、ということである。しかし裏を返せば、歴史学に洗い出された事実は、たとえこの学問では説明されていないとしても、明らかに、他の人間科学にとっての主要な素材の一つとなるのである。

Ⅱ　概念化と観察

1. そこで私たちは、歴史学以外の諸分野について、その身分を検討してみなければならない。それらの分野の切り分け方は、自然科学の分野と同じく、決して不易不変ではない。例えば、〔学問の対象を〕政治的対象と経済的〔家政的〕対象と個人心理的対象へと分けるやり方があった。この分け方は、アリストテレスの初期の哲学的・科学的著作にだいたい対応している。しかしながら、学問の歴史が示すところでは、この区分法はこれまで不断に破られ、中間的な分野やさらに細分化された分野が新たに生み出されてきた。例えば、心理社会学、社会言語学、民族学、人類学等々である。人間的事象を学問対象へと切り分ける仕方はこのように変遷してきたのだが、そのことについて解説するつもりはない。しかしながら私は、読者が見当をつけやすいように、このように分割された主要な諸分野のあれこれに関わる言明の見本をいくつか提示してみよう。そしてそれらの言明をここでは、提唱者の名前と一緒に記しておこう。提唱者の名前は、獲得された成果を一般化することがまだまだ難しい、という〔人間科学の〕性格を示す一番の印となっているのである。

(a) フロイト。「分析をそのようにねばりづよく遂行したところ私たちが到達する最も重要な帰結は以下の通りである。すなわち、いかなる症状を出発点として分析してみても、私たちは常に、間違いなく、最終的には、性的経験の領域に到達するのである[1]」。

(1)「ヒステリー研究の病因論のために」、『全集』第三巻〔参考文献【46】〕、一八九六年、一五七頁。

(b) ピアジェ。「(平均) 七歳以下の幼児にとっては、ある棒の長さは他の棒に対して移動させると変化してしまい、さらに、あるまとまり全体を部分に分けると、全体が諸部分の総和と等しくならない、ということが知られている[1]」。

(1)「同化と認識」、『発生的認識論研究』所収、第五巻〔参考文献【47】〕、一九五八年、九八頁。

(c) デュルケーム。「したがって、産業的あるいは経済的な危機が自殺を増加させるとしても、その理由は、それが貧困をもたらすからなのではない。なぜならば、繁栄という危機にも同じ結果が生じるからである。〔自殺増加の〕理由は、それらが集団的秩序の危機ないし混乱であるという点に存するのである[1]」。

(1)『自殺論』〔参考文献【48】〕、一八九七年。

(d) ワルラス。「生産費用の総額はそれ自体決定されているが、この総額が、製品の販売価格を決定するに至ることはない。製品の販売価格は、その効用と数量に基づいて製品市場において決定されるのである。考察すべき他の要件は存しない。これが必要にして十分な条件なのである[1]」。

(1)『純粋経済学要論』〔参考文献【49】〕、一八七四年、三四四節。

(e) ケインズ。「雇用〔水準〕の現状について正確に説明するならば、それは、現在の資本設備と結びついて行われる現時点での〔経済〕予測によって支配されているのである[1]」。

（1）『雇用・利子・貨幣の一般理論』〔参考文献【50】〕、一九三六年、五〇頁。

（f）ソシュール。「ラングとは、その全ての部分がその共時的関連性において考察されることができるしまた考察されねばならない一つの〔記号〕体系である[1]」。

（1）『一般言語学講義』〔参考文献【51】〕、一九一六年、一二七頁。

（g）ヤコブソン、ファント、ハレ。「スロバキア人は、「jeu」の比較的鋭い円唇母音〔唇を丸めて発音される母音〕を「é」として知覚する。なぜならば、スロバキア人の〔音声〕システムは「重い／鋭い」という対立軸しか有していないからである。ロシア人はそれを「o」として知覚する。なぜならばロシア人の〔音声〕システムは「円唇／非円唇」という対立軸しか有していないからである[1]」。

（1）『音声分析序説』、MITの第一三次専門報告〔参考文献【52】〕、一九五二年。

2. まず気付かれることは、これらの言明の大部分が、一見して分かるように日常生活から借用された概念を用いているということである。そのさい、特に丁寧な洗練がなされているわけではない。このことは自然科学や数学の場合と対照的である。すなわち、〔人間科学において〕問題とされる諸事実は、差し当たり、日常的な体験に属するものとして観察者に与えられる。そのさい、それらの事実はさまざまな意味合いを伴っている。言い換えれば、それらは複雑な状況の中で参照されるのであり、しかも多くの場合は個別の事情と結びつけられて、また価値判断を含めて参照されるのである。そうすると、

〔人間〕科学の第一の任務は、対象となる事実からそれら〔の意味合い〕を可能な限り取り去ること――ただし同時に、人間的事象としての独自性をそれらの事実に保持しつつ取り去ること――である。先に見た事例の中では、フロイトに関する第一のものにおいて、この取り去りの程度は最小である。なぜならば、精神分析が試みるのは、当初は全く個人的な内面を言語表現のもとに晒し出すことだからである。その目的は、なるほど普遍的と想定される〔精神の〕メカニズムを手掛かりとして内面を解釈することではある。しかしながらそのさい、おそらく、そのようにして解明された〔精神の〕配置を、個人としての歴史の実情が引き剝がされた抽象的モデルへと転換することが目指されているわけではない。それゆえ精神分析は、心理現象の科学というよりもむしろ、解釈的な、そして場合によっては治療的な技法と見なされるべきなのである。

〔日常的な意味の〕取り去りの程度は連続を成すが、連続のもう一方の端にあるのは、(e)(f)(g)という経済学や言語学の事例である。これらの事例では、人間的体験の具体的な諸相がより深くばっさりと取り去られている様子が示されている。ヤコブソンの言明は、言語という音響的素材が、物理的ないし生理学的に定義可能な音声的な要素、さらには音素という虚構的ないし仮想的な要素へと分解されることを想定している。この音素というものは、言語学的・音響的なこの素材を表象する抽象的体系の中で役割を持ち、そして、多様に発声および知覚される音によって実現可能なものなのである。

3. したがって、集団的ないし個人的な人間的事象の観察は、日常言語の中で直接的に認識され、また表現される概念の少なくとも部分的な放棄を前提としている。なぜならば、これらの直接的な概念は、直観的な「理解」を暗示するからである。そのような理解は、実践にとってはおそらく有益であり、またたいていの場合十分なものではあるが、しかし、より抽象的な表現の探究を妨げてしまうものでもある。抽象的な表現は、もっと個別性を弱めた捉え方に対して、また、新しい事実の演繹に対してもっぱら適しているのである。例えば、ミクロ経済の視点に立っている経済学者が対象化できるのは、行為者・購買者・販売者の集団であり、彼らは自分たちの最終的な満足を最大化するということ以外のあらゆる意図や計画から切り離して考察される。また販売あるいは購入へと向かう彼らの決断は、価格水準と、彼らが所有している財の保有量によってのみ規定されている。例えばワルラスが提示したようないわゆる限界効用説の立場では、財が一個追加されることによって得られる満足――すなわち「効用」――は、所有ないし獲得される量が増えるにつれて逓減すると想定されている。もちろん、これはほとんど極端な市場の単純化によっては、〔市場経済の〕具体的現象は、きわめて部分的にしか、またほとんど実現不可能な条件のもとでしか、描かれ得ない。しかし、単純化が基本的メカニズムを明確にするという仮説によって、その単純化は正当化されるのである。

4. しかし、このような明確化は、どういう種類の説明を求めているかということにきわめて強く依存しているように思われる。「理解可能性のタイプ」にはさまざまなものがあるということを強調するために私たちは、実例として、社会学者にして哲学者であるJ＝M・ベルトロが最近数え上げた諸タイプを並べてみることにしよう[1]。これらは〔社会学のみならず〕全ての人間科学にも同様に適用可能である。ここで問題となっているのは、同一の表象の内部で自然に組み合わさったり干渉し合ったりすることがある説明の「枠組み」である。

（1）『社会の理解』〔参考文献【53】〕、フランス大学出版局、一九九〇年、第二章。

（1）因果的枠組み。ここでは、説明項としての現象Aと被説明項としての現象Bとの間に、AにはBが随伴し、またAなしにBは生起しないという依存関係が想定されている。社会学者デュルケームが自殺に関して与えた説明は、本質的にこのタイプのものである。そのさい、彼は、自殺者の社会的紐帯の脆弱化と自殺との因果的な実際の相関関係を示すために、（遺伝・模倣といった）見かけ上の諸原因を排除しようと努めたのである。

（2）「機能的」枠組み。ここで機能的という形容詞が指示しているのは、一個の有機体、さらには一個の機械の機能という観念である。機能の条件とは、システムの進行状態と進行規則を維持するのに役立つことである。このとき、分析が向かうのは、全体と部分の関係であり、分析が記述するのは安定性の条件であり、また分析が明らかにするのは、平衡状態の修正を可能とする戦略的要素である。重商主義的な経済理論は、一七世紀の初頭に、国家経済の機能をこのような見地から描写した。そして、一国において蓄積された貨幣総量を戦略的な変数として捉えたのである。すなわち、この場合、事象の認識は根本的に、実践に向けて方向付けられており、国家の権勢がその目標となる。

（3）「構造的」な枠組み。その最も分かりやすい事例を言語学から採り上げるとすれば、一言語の音を抽象的かつ理念的に表現するもの——要するに音素——同士の対立と連関の体系構造である。そのような体系は原理的に有限であり閉じている。そして体系の要素と要素は、一つが他を因果的に決定するという関係にはない。フランス語の場合、母音の音素はいくつもの次元に沿って配置された体系を形成している。例えば、「開口度」の次元（fête の ê は開かれており、blé の é は閉じている）や「円唇化」の次元（tri の i は丸くなく、flûte の û は丸い）である。音素のそのような表は一つの言語の歴史のなかで変容し、場合によってはそれらの変容が、個別的な変化としてではなく体系の大局的な再構造化と見なされる。そのような説明が民族学において行われた有名な事例は、レヴィ＝ストロースによるものである。彼は、親族のシステムを説明するにあたってきわめて抽象的な代数を用いたのであり、この抽象的な代数が具体的な社会的関係に表われていると見なしたのである。

（4）解釈学的な枠組み。この枠組みの原型をベルトロは、ソシュールの言語学から取り出している。しかしそれはすでに、自然的現象および人間的現象を説明する最も原始的な形態のうちに登場していたものである。その本質は、現象〔の向こう側〕にはさらに深い実在が対応しており、それが現象の意味を構成している、ということを要請する点にあった。人間的事象に関する近現代の思考においては、この枠組みは、もう少し控えめな想定にまとめられる。それは、事象は意味を有しており学問はこの意味を解明しなければならない、という想定である。精神分析は、それが知識の体系であろうとする限りにおいて、この枠組みに基礎付けられている。全く同様のことは、経済学的・社会学的事実のマルクス主義的説明のある側面についても成り立つ。

（5）「行為項的」な枠組み。〔記号学者グレマスによって提唱された〕この枠組みの中で、説明すべき現象と考えられるのは、意図を有し規則に従っていると見なされる個別的または集団的な行為者の振る舞いの結果である。この枠組みの原型は、先ほど言及した限界効用説の経済学理論かもしれない。

（6）最後に、弁証法的な枠組み。これは、〔人間的事象の〕説明として、個人あるいは集団の人間的現実に見出される内的矛盾が実効的に解決される過程を持ち出す。しかし、これまでたいていの場合、そのような「説明」は衝突の結果に対する単なる事後承認に帰着したのであり、衝突の成り行きを予見する手立てを何も有してはいなかったのである。

J＝M・ベルトロによって提案された以上のような〔枠組みの〕目録は、おそらくもっと拡張できるだろうが、〔いずれにせよ〕私たちはこの目録からいくつかの簡略な結論を引き出すことができるであろう。第一に気付くことは、いくつもの枠組みにおいて、自然科学の基本概念が借用されているのみならず、さらには、ほとんど分析されていない直接的経験から引き出された直観的概念も用いられているということである。このことから、〔人間科学では〕概念化という操作がかなり弱いレベルで行われているという印象が抱かれることになる。第二に、説明タイプの複数性が示唆しているのは、確実性の欠如、それどころか、ある種の恣意性であるかもしれない。しかし他方で、説明タイプの複数性は、おそらく、人間的事象の本性それ自身に由来しているものとして許容されねばならない、ということは認める必要がある。すなわち、人間的事象の科学的認識は、いくつもの枠組みを結合させることによって初めて成功し得るのであろう。そして、枠組みを重ね合わせたりつなぎ合わせたりする様式は、個別のケースごとに決定されねばならないであろう。

III 数学の活用

1. このような概念化操作の弱さおよび説明的観点の多数性ゆえに、人間的事象に対する科学的認識の試みは自然科学からはっきりと区別される。すでに確認したように、自然科学の概念を形成するにあたって決定的な役割を果たしているのは、数学的構造である。ならば、人間科学の中で数学はどのような役割を果たしているのであろうか。三つの本質的な側面が考察されねばならない。第一に、人間科学における大きさの測定の問題（この測定の問題が、何らかの仕方で数学を適用するための条件となるであろう）、第二に、統計学の果たしている役割、第三に、モデルの数学的な構造化である。

2. 測定可能な大きさを定義するためには、いくつかの条件を満たさなければならない。人間的事象と数とを対応付けることが、実際、意味を持つのは以下の場合のみである。すなわち、これらの人間的事象に関わる演算の体系が確立され得て、その演算の体系と考察されている数体系とが、同じ形式的構造を有する場合である。

例えば、経験的データ——感覚刺激に対する反応など——に割り当てられる大きさの代数和に対応する演算に対しては、厳密な実験的意味を与えなければならない。より基本的には、一つのデータの強さの度合いの読み取りに対して、また度合いの相違の比較作業に対して、経験的意味を与えねばならないであろう。感覚心理学〔精神物理学〕では、まさにそのような問いの立て方のもとで、測定の問題がまずはっきりと提起されたのである。物理学者E・H・ヴェーバーと医師（のちに哲学者）G・T・フェヒナーが彼らの有名な法則、すなわち「感覚は刺激の対数に比例する」という法則を唱えた。そのとき、フェヒナーは知覚の弁別閾の概念を導入しなければならず（一八六〇年）、また、〔知覚〕経験においてそれらの読み取りを定義するいくつもの技術を明確化しなければならなかった。注意すべきことに、このような場合、絶対値が経験的意味を有することはめったにないので、一般的問題は、線形変換およびアフィン変換*に対して意味を保持するような、数との対応関係を規定することとなる。

社会科学では、価格水準、社会集団の購買力の水準、主張の強さなどといった集団的概念を量化するさいに、さらに別の問題が現れる。解読されるデータの観察は、例えばこれらのケースでは直接的であるが、個々人の行動に関係している。したがって、それらを基にして、「凝集」された数量である指標を構成しなければならない。このとき経済学者は、そのような指標が満たさなければならないと自分が判断する形式的性質を提示する。例えば、ある理論によって想定された――あるいは経験的に確認された――個々の数量の間に成り立つ関係の形式は、それら凝集された数量の間においても保存されねばならない。個々の数量の複雑な平均値が指標を表わすものと見なされるためには、こういった性質を適切に満たすような仕方でその平均値が案出されねばならないのである。

3. こういった場合、データ処理には統計学が活用される。自然科学に関して述べたことはここに繰り返さない。二つの〔人間科学に〕特殊な注意点をのみ付け加えよう。

第一に、平均値と相対頻度を考慮に入れることは、人間科学では、次のような仮説に対応している。すなわち、個々の振る舞いは、振る舞いの言わば「正常な」型の周囲を振動するヴァリアントであり、正常な型は統計学的処置によって開示・検証され得る、という仮説である。これは確かに強い仮説ではあるが、しかし人間的事象の科学的認識が可能となるためには不可欠である。それは、私たちが個人的に気まぐれあるいは自由意志として経験するものの意味や射程をどのように捉えるかということに関わっている。しかしながら、この仮説を、あらゆる種類の振る舞いに無差別的に拡張する決定的な理由はない。とりわけ、振る舞いの文脈が現実的に無限に複雑である場合、言い換えれば、それらの事実が最終的には歴史的なものとして捉えられる場合はそうなのである。

第二の注意点は、第一の注意点の延長線上にある。それは、人間科学と個人に関わる状況との関係についてのものである。人間的事象の科学的知識が臨床的性格――それゆえ技法に近い性格――から離れる程度に応じて、私たちは人間科学が個人に適用されることを要求できなくなるし、また、個人への適用がうまくいかないからといって人間科学の価値を疑うこともできなくなるのである。

4. しかし、人間科学における数学の最も有意義な用途は、それがモデルの構成に寄与するという点にある。真に説明的な理論の土台となるモデルとしては、例えば数理経済学の大規模なモデルや、個人的・社会的な振る舞いについてのモデルがあるが、こういったモデルに関して数学の概念は本質的に二つの目的に貢献する。すなわち、〔第一に〕公理ないし基本的仮説を厳密な仕方で定式化することであり、〔第二に〕現象についての仮定的な構造を十全に表現することである。

第一の機能の分かりやすい事例は、限界効用説の経済学に見出されるであろう。そこでは、諸々の変数を結合すると想定されている諸関係について、いくつかの形式的性質が要請されている。例えば、それらの変数の連続性あるいは増加である。あるいは、〔ノーベル経済学賞受賞者〕G・ドブリューの、より精巧な現代的表現では、経験の中に直接的には現れない、はるかに洗練されたトポロジー的性質が要請されている。(1) そして、集団的な意見形成の状況に関してはさらに一般的な表現が存在するが、アロー(一九五一年)は数学によって、意見や利害の調停することの不可能性の形式的条件を立証した。

（1）『価値の理論』、第二版〔参考文献【54】〕、ドゥノー社、一九八四年。

第二の機能については、よりじっくりと検討しなければならない。この機能に関しては、どのような数学が効力を発揮するのだろうか、と問わなければならない。それらの種類として、はっきりと異なる三つのものを区別することにしよう。それらは同一のモデルの中でたいてい結合しているが、実際のところ、さまざまな人間科学に対して、相異なりつつ相補的な概念形式をもたらしている。

（1）微積分。これは、何よりもまず限界効用説の経済学に、St・ジェヴォンズ（一八七一年）とL・ワルラス（一八七三年）によって導入され、パレート（一八九六年）とA・マーシャル（一八九〇年）、および彼らを受け継ぐ大半の経済学者によって巧みに活用された。この点について人間科学は、自然科学において一七世紀以来獲得された経験をほとんど引き継いだだけである。しかしながら新しい問題も生じている。すなわち、微分や偏導関数といったさまざまな概念を、個々の経験的状況に応じて、どのように特定するかという問題である。

（2）「質的」な数学。これは、大きさの測定を介在させない数学である。変数と変数との関係は、全体として一つの構造を形成する重層的関係であり、数学者はこの構造を探究するにあたってはその形式的性質の論証という手段をとる。ある種の人間科学によって近年最も頻繁に用いられている事例の一つはグラフの構造である。一般的には二次元ないし三次元図形によって表現されるグラフは、（「頂点」と呼ばれる）対象の集合であり、これら頂点の任意の二つが連絡している場合とそうでない場合とがある。このように結合された頂点の組をグラフの「辺」ないし「弧」とする。このような抽象的形状が人間的現象――例えば、親族関係、ヒエラルキー関係、システムの偶発的な継起状態――を表現できると考えられている。

（3）確率を扱う数学。ただし、ここでの確率の意味は、統計学的手続きの中で用いられているのとは違うものである。それは、ゲーム理論および「線形計画法」の理論のことである。数学者J・フォン・ノイマンと経済学者O・モルゲンシュテルンが一九四二年に導入した「戦略的ゲーム」の理論は、ゲームないし戦いの振る舞いについて抽象的モデルを提示するものである。敵対するプレイヤーたちはそれぞれ複数の戦略を心得ており、またプレイヤー同士の戦略の組み合わせからもたらされるそれぞれの利得もやはり全員に知られているが、しかし各プレイヤーは、プレイごとに、相手が採る戦略を全く知らないことになっている。

解、すなわち、ゲームの均衡点が獲得されるのは、プレイヤーたちの戦略が各々に確実に期待させる最大の利得を保証するときである。その利得とは、最低でも得られる利得のうちで最も大きな値〔マックスミニ値〕である（これは、敵にとっては双対的に、最大級の損失の中で最も小さな値〔ミニマックス値〕である）。そのような均衡点は、もしもプレイヤーたちが敵のしかじかの戦略に応じてある戦略を決まって選択するならば、必ずしも存在しない。しかし、基本的な数学的性質としては、プレイヤーたちが逆に、自分たちの戦略の選択を、理論的に計算できる確率に沿って割り振るならば、そのような均衡点は常に存在するであろう。この場合、確率は、もはや統計学的に〔言い換えれば、記述すべき対象の静的な性質として〕解釈されているのではなく、むしろ、諸々の主体の振る舞いの動的な性質として解釈されている。ゼロサム・ゲーム〔二人のプレイヤーのうち一方が獲得するだけ他方が失うというゲーム〕という単純な場合から出発して、数学者〔フォン・ノイマン〕は、自らの理論をきわめて豊かなものへと発展させた。そして、彼の理論は、例えば、プレイヤー間の協力の効果を含むほどにきわめて包括的なものとなり、その結果、経済学および社会学のさまざまな領域において、ますます具体的な状況を表現することが可能となったのである。

「線形計画法」の構造に関しては、それはゲーム理論の構造と双対的であり同じ数学を活用している、ということを指摘するのにとどめたい。

以上で行った〔人間科学において活用される〕数学の種類の点検は、もちろん網羅的であることを意図したものではない。それが示すのはただ、最後の二種類〔グラフ理論などの質的な数学とゲーム理論などの確率を扱う数学〕に関する限りで言えば、次のことである。まずは、人間科学は独自な形式の数学化へと向かったように見えるということである。次に、人間科学は、自然科学と同様に、数学者にとって示唆の源泉となり得るのであって、数学者たちは示唆を得た後は、自分自身の理論を、〔人間科学における応用とは独立に〕抽象的形式としての理論そのもののために発展させる、ということである。

Ⅳ　言明の検証

1．人間科学は、より弱い意味ではあるとしても自然科学と確かに同じ目標を有しており、その限りで、言明の検証という同じ問題と出会う。そこで私たちは、この問題の〔人間科学に〕特有な側面のみを手短に検討することに議論を限定しよう。ところで、人間的事象の認識が科学的であろうとする場合、その認識の根本的に独自な側面は、歴史に対する特別な関係に由来している。ならば、歴史的認識の検証という極端な事例についてどのようなことが言えるであろうか。

この場合、二つの側面を検討しなければならない。

第一の側面は、物質的痕跡および証言のチェックによる事実の洗い出しである。すでに確認したことであるが、歴史学を補助する、科学的と言われる技法が、この検証作業に科学的な装いを与えている。しかしながら、証言によって生じる特別な困難に触れずに済ますわけにはいかないであろう。それが現存する人物が行う証言であれ、書かれたか描かれたかした記録であれ、この困難は残る。〔他方〕同様の問題は、自然科学の場合には少しも現れないのである。

第二の側面は、歴史的説明の検証である。言い換えれば、扱われる出来事の連鎖を解明するために提示された概念体系の検証である。そのさい、もちろん、同一の現象の反復的観察に訴えることはできない（このことは、観察条件を精密にしてより単純な同一性に訴えても同じことである）。そのような説明を適用するのが可能なのは、せいぜいのところ、比較可能と判断される――それゆえ、出来事のクラスの代表と見なされる――出来事に対してである。もっとも、諸々の出来事は還元不可能な一回性を有しており、この一回性こそが歴史性の特質に他ならない。さらに、このような弱い検証が意味を保持するのは、歴史的説明が、イデオロギー的あるいは哲学的な解釈から注意深く区別される場合に限られる。なぜならば、イデオロギー的な解釈は実際のところ独断的にあらゆる検証を受け付けないものであり、また哲学的な解釈は事実の説明を全く提示せず、むしろ想像された全体性のうちに事実を位置づけることによって事実の意義を探究するものだからである。

2. しかしながら、歴史学以外の人間科学の言明についても、上述の二つの側面が――それらの一方が他方に対して多少とも明白に優勢なのではあるが――見出される。(本書一一六頁で挙げたピアジェによる事例(b)のような)事実の確立を主に強調する言明の場合、最も説得的な検証方式は、確かに、自然科学の場合と同様に統計的検証であるように思われる(そしてそれには自然科学の場合と同じ条件や限界が伴っているように思われる)。ただし、ここで引き合いに出されたピアジェ自身は、本当の意味での統計的検証に訴えることはめったになかったのである。

3. (第Ⅱ節第1項における言明(a)、(d)、(e)、(f)、(g)のように)理論的内容が優勢である場合は、検証の問題は自然科学の場合と同じ困難と同じ限界を提示する。しかし、すでに何度も示した二重の状況ゆえに、それらの困難と限界は〔自然科学の場合よりも〕さらに大きなものである。第一に、概念の体系が理論を構成するわけだが、その概念の形成には、素朴で直接的な観念を無条件に引き写してしまうという誘惑が付きまとう。そのような観念を使ってしまえば、私たちは、事実把握を生活実践の内部に勾留してしまうことになる。第二に、人間的事象を扱う理論は常に、もしも用心を怠るならばイデオロギーへと化して、概念にかえて神話を、記述にかえて指令を置いてしまう恐れがある。

予測能力は、理論の検証の必要（かつ十分）な条件であろうか。すでに述べたように、一般に科学的知識は経験において完全には規定されていない潜在的事象に関わり、また、現実的事象に関わる予測は、さまざまな程度で何らかの不確実性を確かに含むことがあるものの、だからといって理論を論駁するわけではない。人間的事象の場合、それを表現するどんな潜在的事象も歴史的文脈の中に必然的に埋もれてしまい、歴史的文脈が、予測をなおのこと不明確なものとする。ある変動理論を基にして、ドルの相場が、間近のしかじかの日にしかじかの割合で下がるだろうと予測するとしても、それが成功することはこれまで非常に稀であった。経済危機（これは、例えば、物価の暴落、生産量と利潤の下落、失業によって定義される）を数か月前に、投資・物価・貨幣のマクロ経済学の一般理論に基づいて予測すること、あるいはその危機をより経験的なやり方で計量経済学的なモデルに依拠するシミュレーションによって予測すること、こうした成果を上げることは自分たちの手に余ると、経済学者たちは何度となく示してきた。確かに私たちは、人間的事象のさまざまな分野の学者たちに対して次のことを非難できる。すなわち、彼らは自分たちの予測の失敗を黙過することが多すぎること、また、彼らは自分たちの予測が事実通りであり得たかもしれなかったことを事後的に好んで説明することである。しかしながら他方で、〔人間科学に〕内在する障害があることを強調するのは正当である。これら〔人間科学〕の領域で行われる個別的事象の予測に内在的障害が存在するのは、言わば制度的で取り去ることのできないズレ――科学の潜在的事象と歴史的に実現された現実的事象との間にあるズレ――によるのである。そしてまた、このような根源的な障害にもかかわらず、自然科学においてそうだったように、潜在的事象の表現が徐々に十全なものとなっていくだろう、ということを期待しても構わないのである。

4. 哲学者に残るのは、このズレ、すなわち歴史的な偶然が意味するところを自問することである。二つの考え方が可能だと私には思われる。一方は、それを、個々人が有する自由意志の予測不可能性の端的な表現と見なす。すなわち、それは、認識を拒むという意味で一つの拒絶であり、この拒絶は私たちを自由意志の意味そのものという形而上学的問題へと引き戻すのである（もっとも、この問題についてはここで議論するに及ばない）。他方は、形而上学的なレベルの最終的な重要性を必ずしも軽んじるわけではないが、それよりも手前に立って、世界の客観的認識というレベルの上で返答を提示しようとする。その返答とは、歴史の予測不可能性を、問題となる要因の複雑性に求めるものである。これについては類比的な状況を、物理的世界そのもののうちに、例えば気象学のうちに見出すことができよう。大気状態の空気力学的かつ熱力学的な主要規定について理論的知識を想定するとしても、そこからは現実的な帰結を演繹することができない。というのも、系〔を構成する諸要素〕の関係が数学的に過度に複雑であり、系の初期条件があまりにも多数かつあまりにも未知だからである。この困難は、実際上ある程度までは、現代的機器の計算能力によって可能となったシミュレーションによって克服されている。それは理論的には、「カオス的」状況という数学的概念によって取り扱われており、またひょっとすると部分的には制御され得るかもしれない。カオスの本質的特徴の一つは、初期条件の非常に小さな攪乱が、当初予測可能だった状態から筋道が大きく隔たるさまざまな展開を生み出す、ということである。

　何ら確言し得るわけではないが、次のように問うことは許される。すなわち、一方ではこのような諸理論の数学的発展が、また他方ではシミュレーションや計算をより効果的なものにする事実の概念化の決定的な進展が、人間科学の説明能力と予測能力を高めるのに寄与できるのではないか、と。

第六章　科学的真理の進歩

科学は私たちに検証可能な言明を提示する。しかし、それらは不変の真理ではない。なぜならば、科学には歴史があり、その歴史の中で、それらの言明の大部分が変形されたり置き換えられたりしてきたからである。科学のこのような進歩をどのように解釈するべきであろうか。また、科学によって定式化される知識の暫定的かつ相対的な真理という性格に対してどのような意味を与えるべきであろうか。ここには一見するとパラドックスがある。なぜならば、長きにわたって人々を満足させ、また多産的であった科学理論の代わりに新しいものを持ってくるとすれば、それはどの点でより良い理論であるというのか。かつてある哲学者兼科学史家が書いたように、「科学理論が滅ぶのは、暗殺による」。したがって、私たちは本書を結ぶにあたって、科学的進歩の意味を理解しようと試みなければならない。

I　科学史の連続性と非連続性

1. まず、ファイヤアーベント[1]によって近年提示された挑発的なテーゼを手短に検討してみよう。すでに、方法の多様性に関連して彼の「方法論的アナーキズム」を紹介し、また反論した〔本書第三章の第I節第1項〕。ポール・ファイヤアーベントが主張するところでは、継起する諸理論は相互に「通約不可能」また伝達不可能であり、一方から他方への翻訳が不可能である。それどころか、彼によると、それらが相互に矛盾することもある。例えば、古典力学での質量は不変だったのに対して、相対論的力学での質量は運動物体の速度に応じて変化するのである。明らかに、このような通約不可能性を認めることは科学的進歩の意味を深く損ねる、いやそれどころか、それに代えて根本的な非連続性の観念を置くことになる。それは、言ってみれば、科学的思考の盲目的な歩みという観念である。〔そうすると、〕新しい理論が古い理論の延長上に生み出されることは決してないだけでなく、さらに、〔諸理論の間の〕比較が不可能であるからには、進歩という観念そのものからあらゆる意味が取り払われることになるだろう。確かにファイヤアーベントは、議論および批判を受けて、自らの主張を弱めることになり、一九八一年には[2]、通約不可能性が諸理論の「完全な分離を導き出すわけではない」ことを認めることにはなったのだが。

（1）『方法への挑戦』〔参考文献【25】〕、一九七五年。

(2)『哲学論文集』、第一巻〔参考文献【26】〕、xi頁。

2. 通約不可能性を論駁し科学の進歩を理解するためには、科学理論の継起のうちに実際に現れる非連続性の意味を明確化し、科学史の含む二種類の非連続性を区別することが適切である。私たちは第一のものを外的な非連続性と呼ぶことにする。それは、ある学問分野が、私たちが第三章で明らかにしようとした意味での科学の形態を取ろうとするその瞬間に立ち現れる根本的断絶のことである。それは根幹を揺さぶる激変である。散乱しており検証が不可能な(あるいは検証が難しい)一群の知識が、かなり唐突に、次のような一つの知識に取って代わられるのである。すなわち、目標、扱う問題の形式、手続き、検証規則において比較的統一された一つの知識である。知識の意味のまさにこのような全体的な変形、このようなたぐいの認識論的な「ビッグバン」こそが、クーンに倣って科学の「パラダイム」[1]と呼んでもよいようなものを引き起こすのである。しかし、クーンによるパラダイムの説明の〔うち〕いくつかの点を私たちは拒否したい。

(1)『科学革命の構造』〔参考文献【55】〕、一九七〇年。

(1) クーンが異なるパラダイムと見なしている科学的な思考と実践の相前後する形態は、私たちには同一の根本的な認識モデル、すなわち先ほど言及した根本的断絶のまさにその時期に獲得されたモデルに属するように見える。これらの〔相前後する形態は言わば、先ほどの外的な非連続性と対照的に〕内的なヴァリアント〔なのであり、これらのヴァリアント〕を私たちはむしろ準パラダイムと形容してよいかもしれないが、それらの意味については後に検討することにしよう。

（2）クーンは、古典的なものあるいは安定状態にあるものとして自らが描き出す科学の「公認」形態が有する外的・強制的性格を過度に強調している。仮に、問題のタイプ、回答のタイプ、科学的手続きのタイプを実際に固定化し続けようとする制度的な力（科学者集団、学会誌、アカデミー）が、科学史の展開の状況とテンポの点で一定の役割を果たしているとしても、しかしながら、パラダイムの統一性をより根本的に規定しているのは、内的整合性に対する訴えなのである。

〔パラダイムという〕この概念の射程を正確に浮かび上がらせるためには、次のことを指摘する必要があると私には思われる。すなわち、それは実際のところ、科学の近代的意味が登場した後に初めて適用されるものであり、この近代的意味のみがパラダイムという名前に完全に値するということである。運動理論すなわち力学が激変した時期を私たちはかなり正確に一七世紀の最初の三〇年に特定することができるが、この力学という〔科学の〕典型事例からまさに見て取られるように、原-科学の時代は、パラダイムの欠如、あるいはこう言って良ければ、擬似パラダイムの多様性によって特徴付けられる。当時は、相互伝達の現実的な可能性がなく、科学に属する問題のタイプも問題に適用すべき手順のタイプも十分正確には規定されていなかったのである。実際、そのような擬似パラダイムは、外的な制限に強く依存していた。それらの制限は、社会的・政治的・物質的な圧力でなかったとしても、少なくともイデオロギー的・宗教的な規定であった。そこで、これらの擬似パラダイムと対照させて、各科学分野ごとに、次のようなただ一つのパラダイムを真なるパラダイムとして認めるのが適切であろう。すなわちそれは、〔一七世紀に起こった〕激変の結果に他ならず、また、その後の発展過程において登場した準パラダイムとも区別されるものである（準パラダイムが登場したからといって、科学性を規定する条件が真に変質したわけではない）。〔そのような真の〕パラダイムの設定を根本的に特徴付けるのは、抽象的で潜在的な図式として対象を十分正確にかつ操作的に認識することであると思われる。この後、この科学〔＝力学〕は、そのような対象の性質と法則を規定しようと尽力することになるのである。私たちはすでに、第四章（第Ⅲ節第2項）で、ガリレオが力学をどのように基礎付けたかという事例について、そのプロセスを簡潔に提示したのであった。

3. 最初に見て取れるのは、さまざまな知識領域において同時に認識が一変するわけでは決してなく、その変化は、社会の状態とその〔領域の〕知識の概念的本性の両方に依存している、ということである。例えば、おそらく十分に古い文献がないためだろうが、古代西洋世界の数学史において真に原-科学的な時代の痕跡を見出すことは——今日残っているエジプトおよびバビロニアのテクストをそのような時代に属しているものと見なさない限り——無理であろう。しかし、ピュタゴラスあるいはタレスについて分かっていることがらは、すでに、まさに私たちが今日理解する意味での数学〔が存在していたこと〕の証拠となっている。逆に、大半の人間科学においては、〔真のパラダイムへの〕変化がかつていつ生じたのか、あるいはこれからいつ生じるのかは、答えに窮する問いであろう。

また、そのような革命はどのようにして実現するのか、と問うこともできるだろう。明々白々なことであるが、科学的対象のつまるところ有効な規定が知の空白地帯からあるとき突然生起するなどということは決してない。では、同一の領域に関係しているがまだ統一されてはいない諸々の先行する知識は、〔対象が有効に規定される際に〕どのような役割を果たしているのであろうか。

この点についてホルトンは、「テマータ」という非常に一般的な概念のダイナミックな役割を強調した。テマータとは、〔例えば〕物質に関する原子論の観念や、力についての漠然とした観念のことである。これらが実際に、原‐科学から科学へと移行するというわけである。しかしここで指摘しておくべきは、この移行は、それらテマータが真に科学的な概念によって再定式化される（しかもたいていの場合数学化される）限りにおいてのみ有効なのだ、ということである。また、「運動を対象」とみなす新しい着想は、本質的に一つの裂け目から、すなわち原‐科学から科学への移行のしるしとなる全面的な鋳直しから生まれたものと思われる、ということも理解されよう。そうすると、原‐科学的な学説は、厳密には、新しい理論のうちに翻訳不可能であるし、またその逆も成り立つ。原‐科学の概念は、一般に、新しい力学の概念とは異なった地平に位置しているのである。まさに、原‐科学の科学に対する関係をこのような視点から眺める場合に通約不可能性のテーゼは意味を有するのである。〔他方〕それは、私たちが準パラダイムと呼んだもの同士の相互関係を考察するときには意味を全く有さない。それら準パラダイムは、同一タイプの対象をもつあらゆる科学的思考に共通のパラダイムが形成された後の内的な非連続性から産出されるものなのである。

II　科学史の内的非連続性

1．科学が進歩する過程では、事実領域における客観的な目標は一つであるが、その内部でさまざまな差異が生み出される。私たちはこのような差異を、理論の継起と称した。確かにこの継起は、たいてい、明白な非連続性を呈する根本的な革新である。

力学という事例の検討を続けるならば、周知の通り、特殊相対性理論はニュートンの古典力学と断絶しており、しかもそれは単に個々ばらばらの論点に関してのみではない。力学にとって言わば舞台背景の役割を果たす時間と空間の座標系が根本的に変容され、空間と時間の測定手続きは観測地点と観測対象の相対運動に依存することになる。逆に、光現象の伝播速度は絶対的な普遍定数となる。現象を記述する枠組みのこのような変化から、物理概念の操作的意味に関する他の全ての変容は出てくる。〔例えば〕速度に応じた質量の変化、質量とエネルギーの等価性、一つの場の磁気的でもあり電気的でもある性格の相対性が、まさにそのような変容である。しかしながら、現象を記述し説明しようとする配慮、そして演繹的整合性と実験によるチェックの要求は、〔相対性理論においても〕不変なままである。

2. いずれにせよ理論間の翻訳は可能である。確かに全体としての体系は構造を変えたが、以前の体系は新しい体系の弱められた一部分に同一視できるものとして現れる。またこの新しい体系においては、諸々の項は特性パラメーターとして機能することで〔意味が〕中立化されることになるだろう。〔相対性理論という〕この事例において重要なのは光の速度である。その値は（きわめて大きいとはいえ）有限であるが、もしも観測地点の速度および運動体の速度に比べて無限と見なされ得るならば――そして時間と空間の測定を決定する公式(1)〔＝ローレンツ変換の公式〕に含まれている〔光速度を分母とする〕その逆数がゼロと見なされ得るならば――相対性理論はそのことによって縮減され、古典力学と同一視可能になるのである。他方、新しい理論は旧理論の諸概念を保存しており、それらの概念は、ひとたび縮減された体系において〔旧理論と〕類似した機能を果たすことになる。しかしながら、新しい体系においては、古い概念は新しい機能を明らかにし、言わば、いくつものレベルに沿って脱皮し得るのである。質量は、運動体の速度とともに変化する運動質量と、純粋なエネルギーと同一である静止質量とに分離される（この同一性の謎の解明は、物質原子の理論〔素粒子論〕において始まることになる）。しかし、体系の全体的な転換のおかげで、旧理論から新理論への翻訳ないし移行は、なるほどそれが激変のように見えるとしても、決して真の矛盾を引き起こしはしない。なぜならば、新理論は、それ自身が画定する現象領域において、旧理論の限界や不備、さらには成功をも説明することを可能にするからである。特殊相対性理論は、衛星の打ち上げのさいにニュートン力学による単純な弾道学を用いることがなぜここまでの正確さをもたらすのかを説明するが、他方でまた、高速で運動する素粒子の軌道を記述するために〔ニュートンの〕古典力学がなぜ十分でないのかをも説明する。要するに、客観的思考という大枠の科学的パラダイムの内部では、相前後する多様な理論が経験へと着地することは、それぞれの理論における「潜在的」事象の概念化が可能にする近似の限界内ならば、常に可能であり、必要であり、そして成功を博するのである。そのうえ一般的には、後続理論は先行理論の近似の限界に対する理解をもたらし、またその限界を画定することができるのである。

（1）〔ローレンツ変換を用いた表現によれば、例えば速度vで動く運動体の時間の刻み$\Delta t'$は、静止している運動体の時間の刻みΔtに対して、$\Delta t'=\sqrt{1-(v/c)^2}\Delta t$（$c$は光速度）の関係にある。〕

3．しかしながら、このようなスケッチは、到達すべきではあるが〔実際は〕時折にしか到達されない理想として解釈しなければならない。実際、科学史が示すところでは、競合する理論の争いがある。例えば、一八世紀に始まり一九世紀に及んでなお盛んだった、光の粒子説と波動説との競合がそうである。両方とも同じ現象を部分的に説明するものの、どちらも、うまく表現できない事象の説明を他方に委ねてしまうのである。また、それほど明確なケースではないが、電磁気現象についてのファラデーの理論（近接作用説）とアンペールの理論（遠隔作用説）も対立しながらも、電荷と電流の同じ結果と同じ法則にたどり着くのである。一見すると、〔科学〕史家が出くわす個々のケースにおいて、法則の言明は数学的形式のもとで対応関係を維持しており、対立は本質的に現象の表現の仕方に関わっている。確かにそのような相違は根本的なものである。なぜならば、それは最終的に、記述枠すなわち参照枠組みの選択に関わるからである。しかし、科学の進歩が今日まで示したところでは、そのような選択は、整合的な仕方で発展したときには、お粗末な誤謬としてではなくむしろ部分的で偏向した観点と見なされるのであって、後続の理論は、これらの観点の多元性が可能であることを説明し、また、相互翻訳および相補関係についての諸々の規則を提示するのである。このことは、例えば粒子説と波動説との対立に当てはまる。この対立は、まずド・ブロイの波動力学によって、次に明らかにより広範かつ根本的な意味において、いわゆる量子力学のコペンハーゲン解釈によって、解決されたのである。しかしながら、それでも注意すべきことには、そのような「解決」は、先行する競合理論のアポリアを確かに解消するとしても、他方で別の困難も引き起こすのであって、例えば量子論も謎に満ちたままである。すなわち、ある科学の進展と進歩は、一連の解決であると同時に、正しく提起された一続きの問題でもあるのである。

III 科学的進歩の観念

1. しかしながら一連の解決が包括的な意味での進歩であることについては何人も疑い得ないであろうし、また、まさに科学の進展のみが、この進歩という語に対する明確な意味を与えてくれるのである。この意味を今はっきりさせるべきである。きわめて一般的に言うと、科学的進歩を特徴付けるのは、知識の範囲の拡張、精度の向上、そして理解の改善である。

第一の特徴はきわめて容易に見て取れる。例えば、ホルモンの機能が認識できるまでに生理学が拡張したことは明らかに一つの進歩である。ホルモンは内分泌線の研究に関連して一九世紀末に認識された。その立役者はクロード・ベルナール（一八一三～一八七八年）、ブラウン＝セカール（一八七一～一九一四年）、ピエール・マリー（一八五三～一九四〇年）である。そして、その化学的構造、メッセンジャーとしての役割、神経系との相互作用の発見（H・デール、一九三六年）が新しい研究領域の開拓を推し進め、言うまでもなく医療においても応用されているのである。

現象の記述と予測における精度の向上は、ある場合は器具の改良のおかげであり、別の場合は、記述や法則の定式化、さらには予測のために用いる理論的道具立ての改善のおかげである。望遠鏡と天体観測装置の改良は確かに、天文学の発展に大きく寄与し、天文物理学の誕生を可能にした。しかし他方で、すでに述べたように（第四章の第V節第4項）、より大きな精度でもって水星の近日点の歳差運動を計算することを可能にしたのは一般相対性理論という新しい概念装置であった。

ところでこの最後の事例は、現象についての理解の改善という、第三の特徴として示したものに特に関わっている。ここでいう理解とは、ある事実あるいはある法則を概念体系の内部に統合し、それらがこの体系の帰結として現れるようにすることを意味する。より一般的に言えば、理論をより広範な（より「包括的で理解を広げる」）理論の内部に投げ入れ、前者が後者の特殊ケースとなるようにすることである。これはすでに私たちが、ニュートン力学をアインシュタイン力学の内部に翻訳できることを見たときに確認したことである。もちろん、私たちがここで維持している科学的思考のパラダイムにおいては、より良き理解は、新しい概念の発明および組織化によってのみ獲得され得るのであって、イメージや主観的印象あるいは大風呂敷の神話に頼ることによってではない。そしてここに、〔科学と〕原-科学の思考との根本的断絶が顕在化する論点の一つがある。〔なぜならば〕原-科学の思考は、この種の「説明的」な再解釈に必要とあればきわめてたやすく安住していたからである。その好例を錬金術の歴史のうちに見出すことができよう。ここでまた思い返されるのは、私たちが第二章で強調した科学的知識と技術知との区別である。というのも、技術の進歩は、ものごとに介入する力、さらにはものごとを予測する力を確かに向上させ、また現象を操作可能にするが、かといって一般には、その現象のより良い説明を少しももたらすわけではないからである。

2. このように科学的進歩を特徴付けたからには、私たちは科学史のうちに、その進歩の最も一般的な生起の仕方——あるいはこう言ってよければ、進歩の実現の種類——を探し求めてみたい。そのようなものとして私は三つのものを区別したい。思うに、それらは科学が生成するさいの内的非連続性の主要形態に対応している。それらを、知の革新における根本性の順に列挙しよう。

第一の、科学的概念の自律的進歩に内側から関わる度合いが最も低いものは、新しい事実の発見である。経験科学の領域ではそのような発見は、(少なくとも部分的には) 偶然によることもあるが、たいていの場合は、新しい器具を使用した結果である。ガリレオは、望遠鏡を月に向けたおかげでそのゴツゴツした表面を発見し、この発見の後、天体は、〔永遠不変の天上界で円運動するのではなく〕物質と変化の世界に属するものとされることになる。また彼は、望遠鏡を木星にも向けてその四つの衛星を目にし、これらを「メディチ家の星々」と命名した。注意すべきことが二つある。第一に、このような発見は、たとえ偶然だと言われるにしても、常に探究の文脈の中で成し遂げられ、その探究の文脈を可能にしたのは、発見者の側による多少とも明確にされた方向選択であり、推測であり、問いかけなのである。第二に、こうした発見は数学においても同様になされる。

私たちはすでに〔第四章の第I節第3項〕、三次方程式に（正の実数の）解が存在することをイタリアの代数学者たちが発見し、しかしカルダーノの公式を適用すると、彼らの計算は不可能な演算を要求することになるという事実に触れた。これに立ち戻りはしない。ここでは別の有名な事例を思い起こしておくだけにしよう。カントールは、正方形の二次元上のすべての点はその一辺の一次元上のすべての点と一対一に対応付けられ得ないだろう、という自明な直観から出発したところ、そのような逆説的な対応付けをうまく行う手続きを発見した。そのとき彼はデーデキントに宛てて次のように書いた。「あなたの賛同が得られない限り、私に言えることは、分かるのだが信じられない〔文章の中でここだけがフランス語になっている〕、ということだけです[1]」（一八七七年六月二九日付書簡）。

（1）カヴァイエス編『カントール／デーデキント往復書簡集』〔参考文献【56】〕、パリ、一九三七年。

ところで、経験的なものであれ数学的なものであれ新しい事実の発見は、二つの場合にのみ進歩をもたらす。第一に、この発見が、この事実を知るより前に作られた理論を確証する場合である。第二に、それが説明の探究への途を実際に切り開く場合である。もっともその説明は、はるか後になって初めて突然現れるという可能性もある。

科学の発展を特徴付ける非連続性の二番目のものは、物質的あるいは概念的な新しい道具の発明、すなわち新しい認識技術の発明である。そのような発見が、事実の発見とは異なり、歴史上のある一点で起きることは稀である。それはたいてい、何人もの科学者が関わったさまざまな試行錯誤によって準備される。その古典的な事例は微積分計算の発明であろう。これは昔からすでに準備されていたが、しかし一七世紀の末に、次のような人々の決定的な業績によって実現された。すなわち、ミラノ人カヴァリエリ(一六三五年)、フランス人パスカル(一六五四〜一六五九年)、ザクセン人ライプニッツ(一六七五年)、イギリス人ニュートン(一六八一〜一七〇四年)。これは新しい数学的道具であり、〔まず〕ライプニッツとニュートンが、次いでイギリス、ドイツ、フランスにおける彼らのライバルが用い、この道具は単に数学においてのみならず、力学、そして後には物理学全般に広大な領域を切り開いた。これは、規模と理解の両面における進歩であり、並外れた成果をもたらした。また、物質的道具の発明に関していえば、先ほど触れたように、ガリレオが用いた望遠鏡、さらには顕微鏡(一七世紀初頭)、素粒子の加速器(サイクロトロン、一九三四年)を挙げることができよう。

〔科学の〕進歩の仕方のうちで最後のものを挙げることにしよう。それは、科学的対象のタイプそのものを規定する根本概念という意味で私がすでに「カテゴリー」と呼んだものの発見である。前述のように、原-科学から科学への区切りを入れるものの本質的な特徴は、そのような発見なのである。そして、真に科学的と言える知識のパラダイムがひとたび構成されると、歴史が示すところでは、次のような構成的な概念が時に登場するのである。すなわち、目標がすでに確立されている科学の只中で、新しい領域を定義しつつその発展への途を切り開き、場合によってはさらに、その領域に新しい部門をも創造するといった概念である。もちろん私は、補助的な、さほど重要ではない概念のことを言っているのではない（そのような概念の発明ならば通常の科学史の流れでは日常茶飯事である）。〔例えば〕解析学の発明という先ほど取り上げた事例においては、新しい道具の発見に、新しい「カテゴリー」の発見も結びついていた。すなわち「超越数」の概念である（この語はライプニッツによる）。この概念は当初、算術と代数による有限な構成を受け付けないものというかなり曖昧な仕方で捉えられていたが、近代になってやっと解明された。すなわち、「実数」の概念が定式化され、解析学と幾何学でお馴染みの数（円周率 π と自然対数の底 e）の超越性が証明され、そして、超越数のある一般的なクラス（リウヴィル数）が明確な仕方で構成されたことで、解明されたのであった。経済学から別の事例を取り出そう。すなわち、ジェヴォンズ（一八七一年）とワルラス（一八七三年）によって同時に導入された「効用」である。これは、限界効用説の経済学〔第五章の第I節第5項を参照〕によって記述される（潜在的）対象の領域を構成し定義するものである。

3．以上のように、各々の科学の進歩は、確かに発明や革新によって実現するが、しかしそれは常に、それ以前に蓄積された知識を基礎としている。だからこそ、現在の発見の意味と射程を理解し、解釈したいと思う者にとっては科学史の研究が必須なのである。しかし、この歴史は、そこにずらりと並んでいる事実発見の年表に還元されず、さらには、新しい道具の発明の年代記にも還元されない。それは何よりもまず、科学の対象を相次いで構成してきた「カテゴリー」の系譜学なのである。基本的概念の相次ぐ形成は、科学そのものの外部の状況に本質的には依存しない。なるほど、それらが日の目を見る日付けや条件は、概念が形成されざるを得ない社会の経済的・政治的・イデオロギー的状況、さらにまた、創造者としての科学者の個人的な歴史や心理に大きく起因している。しかし、そうした概念の発見の連鎖は、最終的には、概念の内的運動にのみ依存している。古典力学から相対論的力学への移行は、運動体の電気力学に関するアインシュタインの論文の刊行によって明確に一九〇五年に起きたのだが、おそらくこのことは、歴史上のあらゆる出来事に負けず劣らず予見不可能であり、次のような二つの有為転変——すなわち、第一に、ドイツやスイスの社会的な転変であり、第二に、ベルンにあったスイス特許局の職員で、若くしてミレヴァ・マリッチと結婚したアルベルト・アインシュタインの個人的な転変——に帰属していたであろう。しかし、相対性理論についての内在的な研究が示すところでは、この革新は、曖昧さや不備に対する天才的な回答であると同時に、マクスウェルの電気力学をニュートン力学と関係づけることで引き起こされた積極的な問いかけに対する回答でもある。科学史のそのような内的合理性を認めることとは、とはいえ、革新的な科学者たちの才能や天才を何ら割り引くものであってもならない。というのも、たとえ科学者たちが明らかに何らかの点で自分たちの環境および時代によって条件づけられているとしても、すでに構成されている知識の否定的側面を最初に理解しつつ、解決策を発見して科学を前進させるのは、まさしく科学者たち個人だからである。

結び

科学は、人類が創造したものの中で最も驚くべきものの一つである。その理由は、科学が人類に授けた力のみならず、科学による説明が人類に与えた知的な満足――いや、それどころか美的な満足――にある。しかしながら、科学が絶対的な確実性を有するというわけではない。また、定理が真である条件を正確に知ることのできる数学を除けば、科学的知識は必然的に部分的で相対的なものである。

科学的知識の目標を正しく果たすことのできる領域には限界があるのだろうか、すなわち、科学には境界線を設定しなければならないのだろうか。答えは否である。なぜならば、科学の本性から生じるいかなるものも、その探究分野を強制的に制限する理由となることはないからである。外部――宗教あるいは形而上学――から来る命令だけが、科学的能力からある種の現象を引き離すような禁止を正当化することができる。しかしながら、あらゆる種類の現象が科学にとって、同じように手が届くわけではない。〔等しく接近することを妨げる〕ただ一つの、しかし根本的な障害は、出来事と存在の個別的な実在性〔を把握すること〕であるように私には思われる。科学的知識が十分に発揮されるのは、それが対象を著しく変質させることなく、こうした個別化を無効にすることができるときである。そのようなことが、自然科学では一般的に行われているのに対して、人間的事象の場合には、科学は、個別的なものを、概念の網で徐々に近づきながら包囲しようと努力しているのだが、それを捕らえることは見果てぬ夢である。科学の限界の唯一の意味とはそのようなものである。

　他方、科学は、価値の選択に関わる問いを解くことを自らの目標として設定することは全くない。確かにすでに見たように、科学は倫理的な問題を引き起こすことさえある。しかし科学はおそらく、それらの問題に関して私たちに情報を与えたり蒙を啓いたりしてくれるはずである。そうとはいえ、少しもそれらを解決することはできないであろうが。この点についての最も重大な間違いは、科学的に確立された実証的な知識を、選択および行為に関する教えへと変形しようとする点にあるであろう。

　これらの留保がなされるとすれば、科学に対する相応しい態度とは、不信感に満ちた懐疑論でもなければ盲信でもない。むしろ、深い驚嘆と理知的な信頼こそが相応しいのである。

訳者あとがき

本書は、Gilles-Gaston Granger, *La science et les sciences* (Coll. « Que sais-je ? » n° 2710, Presses Universitaires de France, 1993; 2e édition 1995) の全訳である。原題を直訳すると『科学と諸科学』となるが、内容と分かりやすさを考慮し、邦訳タイトルは『科学の本質と多様性』とした。原著初版は、文庫クセジュにおいて一九九三年に刊行されたが、翻訳は、一九九五年に出された改訂第二版に基づいている。

著者ジル＝ガストン・グランジェは一九二〇年生まれ。高等師範学校を卒業。レンヌ大学教授やコレージュ・ド・フランス教授等を歴任した後、コレージュ・ド・フランス名誉教授となった。現代フランスの科学認識論・科学哲学におけるまさに第一人者であり重鎮であったが、惜しくも、昨年二〇一六年八月に亡くなった。彼の代表的著作に以下のものがある。

『理性』（一九五五年。山村直資訳、文庫クセジュ、白水社、一九五六年）。

『形式的思考と人間の科学』（一九六〇年）。
『スタイルの哲学試論』（一九六八年）。
『アリストテレスの学問理論』（一九七六年）。
『言語と認識論』（一九七九年）。
『哲学的認識のために』（一九八八年。植木哲也訳、法政大学出版局、一九九六年）。
『検証』（一九九二年）。
『形式・操作・対象』（一九九四年）。
『非合理的なもの』（一九九八年）。
『空間についての思想』（一九九九年）。
『科学と実在』（二〇〇一年）。

本書は、「科学とは何か」といういうきわめて大きな問題を巡るほぼ半世紀にわたる著者の議論のエッセンスを、数式等のテクニカルな論述を用いずに分かりやすく記述したものである。以下、ごく簡単に、本書の論述の大筋をまとめてみよう。

「第一章『科学の時代』の諸問題」では、二〇世紀における科学の急激な発展が概観され、それが引き起こした倫理的諸問題――とりわけ、科学的探究の領域に制限を設けるべきか否かという問題――が考察される。「第二章　科学的知識と技術知の相違」では、科学と技術がいかなる点で異なるか、また両者がどのように相互作用し得るか、という論点が、蒸気機関や無線通信等のさまざまな科学史・技術史の事例を基に解説される。

本書の軸を構成するのは、「第三章　方法の多様性と目標の統一性」と「第四章　形式科学と経験科学」である。まず第三章においては、科学の諸分野における方法の多様性にも関わらず科学にはある統一性が見られる、という主張が展開される。その統一性とは、数学的な記号体系によって科学が構成されるということである。この数学的記号体系の「形式」が高次のレベルにおける知的活動の「内容」となることで、科学はある種の自律性をもって発展し、現実世界に対する近似度を高め得るのである。次に第四章においては、数学を代表とする形式科学と物理学・化学等の経験科学それぞれの特質が主題となる。形式科学の特質を説明するさいに著者が特に強調するのは「形式的内容」という概念である。これは、ある記号体系における操作の中から生み出される、その体系内部においては処理不可能な内容のことである。この形式的内容があるがために数学は単なるトートロジーには還元されないことになる（そして著者によればゲーデルの不完全性定理も数学のこの特質を意味するものに他ならない）。また物理学のような経験科学に関して著者が強調するのは、それが決して単純な経験論・感覚論に帰着するのではなく、理論の対象を規定するさいにすでに数学的・理論的な処理が施されているという事情である。物理学が扱う事象は「仮想的・潜在的」な事象であるという著者特有のテーゼも、対象規定における数学的・理論的な処理というプロセスを浮かび上がらせようとするものに他ならない。

「第五章　自然科学と人間科学」においては、経済学や社会学といった人間科学（人間的事象の科学的認識）に特有の諸問題——例えば予見や検証の難しさという問題——が取り扱われる。そして「第六章　科学的真理の進歩」においては、科学的認識の進歩の可能性が、記号体系間の包摂関係を論拠として正当化される。すなわち、後続する理論は、先行する理論のメタ理論としてその妥当性の範囲を示し得るという意味で、より進歩した理論と見なされ得るというわけである。

なお本書の原題 *La science et les sciences* について補足しておけば、複数形の « les sciences » が「科学」を意味することは言うまでもないが、単数形の « la science » は必ずしも同じ意味内容をもたない。科学の「科」とは「分科」の「科」であり、「科学」とはしたがって一九世紀以降の、細分化された複数の領域を指す呼称であり、単数形はむしろ「学知」、あるいは端的に「学問」「学」と解することもできる。こうした解釈を訳文中に反映させることは慎んだが、留意しておいていただければ幸いである。

グランジェの科学認識論の特徴は、科学の現実をそのダイナミックな運動性に求める点にある。そのため彼は科学史における断絶や激変をしばしば指摘するが、そのさい、クーンのようにパラダイム間の共約不可能性——評価のための共通の基準を欠くこと——を持ち出すことはない。本書第六章にある通り、彼は科学史の「内的」な非連続性を主張するのであって、それは一七世紀に打ち立てられた〈数学的構造による自然理解〉というパラダイム内部での非連続性なのである（クーンの言うような根本的で「外的」な非連続性もグランジェは認めはするが、それは数学的構造が導入される以前と以後の断絶のみである）。そして、この非連続性を通して概念の内的な運動が現れること、科学の現場のダイナミズムをこの点に見定めるグランジェは、師であるカヴァイエスあるいはバシュラールといった代表的な科学認識論者の着想を受け継いでいると言ってよい（社会と科学の関係については例えば第一・二章を参照されたい）。

とはいえ、グランジェがいわゆる分析哲学を積極的にフランスに紹介した事実はここで指摘しておく必要があろう。とりわけ、論理実証主義の黎明期に目を向けたウィトゲンシュタイン『論考』の仏訳やカルナップ研究などは重要な業績である。科学認識論と分析哲学が「断絶」していると一般に思われている中、彼はその懸隔を埋める――あるいはその懸隔について考えさせてくれる――貴重な哲学者だと言うことができる。

最後に、この邦訳の出来上がった経緯について触れておきたい。

そもそも本書を邦訳するという発案は、故・小林道夫氏によるものであった。小林氏は、そのデカルト哲学研究によってきわめて著名であるのみならず、フランス科学認識論についても、日本を代表する研究者のお一人であり、本書の著者グランジェの知己でもあった。実際の翻訳作業を開始するにあたって、小林氏は協力者として本書共訳者の一人・松田に協力を要請され、松田はそれを受諾した。これがいつのことだったのかを松田は判然とは覚えていないが、当時のメモ書きから推測すると、二〇〇八年の一月頃だったのではないかと思われる。その後松田は、ほぼ三年後になんとか初稿を完成し、小林氏に訳文をチェックしてもらうために原稿をお渡しした。しかしその後、小林氏は非常に多忙であられ――また体調の関係もあったためであろうか――本書の翻訳作業の進捗度については二人の間でしっかりと確認する機会もなく時が経過してしまった。そして、二〇一五年六月、小林氏は、突然、不帰の人となられてしまった。

小林氏の没後、松田は、ひょっとすると氏が自分の初稿を部分的にでも手直ししてくださった原稿が遺されているかもしれないと考え、そのような原稿らしきものが見つかった場合にはご連絡いただきたい旨をご遺族にお伝えし、ご協力いただいたが、残念ながら結局、それが見つかることはなかった。松田は、小林氏の思い出のためにも、本書翻訳をなんとか完成させようと考えたが、そのためにはフランス科学認識論の専門家の協力が必要であると判断し、本書共訳者の他の二人、三宅と中村に翻訳作業に加わってほしい旨の依頼をした。三宅も中村も、生前の小林氏と学問的な交流があり、個人的な思い出も持っていたため、二人は松田の依頼を快諾した。このようにして二〇一六年の春に、われわれ三人が本書の翻訳チームを構成することになった。その後の作業は、松田がすでに作成していた初稿を三宅と中村が修正・調整し（原稿のチェックは主に三宅が奇数の章、中村が偶数の章を担当して、ほぼ一年かけて相互に検討を行った）、その後、三人で連絡をとり合いながら全体の仕上げを施す、というものであった。

小林氏についての訳者三人の個人的な思い出をごく短く記すことをお許しいただきたい。松田の脳裏には、哲学と科学、そしてそれを生み出した人間を愛してやまず、京都の深更に杯を重ねておられた氏の姿が、くっきりと残っている。三宅がグランジェに初めて触れたのは小林先生の授業であった。授業後はよく学生とカフェで懇談され、話題は学問論から阪神タイガースまで広がった。かけがえのない時間であったと思う。本書の刊行で学恩に少しでも報いることができれば幸いである。中村はカヴァイエス研究に進むにあたり小林先生から大きな後押しを受け、留学中も、渡仏された先生とお酒を酌み交わすことができた。博士論文の審査員に加わっていただくことは日程が合わず叶わなかったが、励ましを常に与えてくださった。

最後になったが、白水社の小川弓枝さんには本訳書の出版に関して大変なご助力をあおいだ。この場を借りて厚くお礼申し上げる次第である。

二〇一七年九月

松田克進
三宅岳史
中村大介

訳者略歴
松田克進（まつだ・かつのり）
1963 年生
龍谷大学文学部教授
主な著訳書『デカルトをめぐる論戦』（共著，京都大学学術出版会，2013 年），ピエール＝フランソワ・モロー『スピノザ入門』（共訳，白水社，2008 年）

三宅岳史（みやけ・たけし）
1972 年生
香川大学教育学部准教授
主な著訳書『ベルクソン哲学と科学の対話』（京都大学学術出版会，2012 年），ドミニック・ルクール『カンギレム』（共訳，白水社，2011 年）

中村大介（なかむら・だいすけ）
1976 年生
豊橋技術科学大学総合教育院准教授
主な著訳書『エピステモロジー』（共著，慶應義塾大学出版会，2013 年），『主体の論理・概念の倫理』（共著，以文社，2017 年）

科学用語集

エントロピー

熱や仕事を受けたり与えたりする物理的な系で、エントロピーの変化は初期状態と最終状態だけに依存する関数である。それは、dQ/Tという商の総和として定義される。dQは、絶対温度Tのもとで、可逆的な無限小の変換過程（系の変換はそのような過程に分解可能であると想定される）の中で交換された熱量である。もしもこのような変換全体が可逆的であり初期状態に戻るならば、エントロピーの変化はゼロである（クラウジウス）。

ボルツマンは〔エントロピーという〕この量を、粒子から構成され外部と相互作用しないエネルギー一定の系が、現在の熱力学的状態に至る確率として解釈した。言い換えれば、この量を可能なミクロ状態の数に応じたものとし、このミクロ状態は、マクロなエネルギー状態に対応する全粒子のエネルギー状態の分布によって定義される、として解釈したのである。

黒体

〔電磁波を〕完全に反射する内壁によって囲まれた密閉領域〔黒体〕は、温度Tの熱平衡に到達した場合、熱力学によると、この温度に対してはっきりと決まったエネルギーおよびスペクトルを備えた電磁放射を発する〔黒体放射〕。

サイクロイド

円が直線上を回転するときにその円上の定点が描く曲線のこと。円が他の円に外接しながら回転する場合は外サイクロイドと言われる。

数学的期待値

抽象的な確率論において、確率変数がとりうる値にその確率を掛け合わせ、その各々の積を足し合わせたもののことである。その歴史的起源は、賭けで期待される値に関するパスカルの分析に見出される。コイン投げの場合、裏のとき2フランを獲得し、表のとき1フランを獲得するならば、このゲームの値すなわち数学的期待値は、裏が出る確率と表が出る確率

が等しく1/2であると想定すると、$2\times1/2+1\times1/2=1.5$フランである。

線形変換とアフィン変換

実数xの線形変換は、方程式$x'=ax$によって定義される。実数aのアフィン変換は、方程式$x'=ax+b$（ここでaとbは任意の実数）によって定義される。

体

有理数（分数）や「実数」は、四則演算に対して体をなす。しかし、整数の集合は体をなさない。体とは、二つの演算を備えた対象（それはどのような対象でも構わない）の集合であり、この二つの演算を＋と×で示すとすると、次のような性質を有するもののことである。

まずこれらの演算については結合法則が成り立つ。すなわち、

$(a+b)+c=a+(b+c)$

$(a\times b)\times c=a\times(b\times c)$

演算＋については交換法則が成り立つ。すなわち、

$a+b=b+a$

演算×については演算＋に対して分配法則が成り立つ。

$(a+b)\times c=(a\times c)+(b\times c)$

$c\times(a+b)=(c\times a)+(c\times b)$

演算＋については単位元（これを0で示す）がある。すなわち、

$a+0=0+a=a$

そして、個々の元には、演算＋について逆元（これを$-a$で示す）が存在する。すなわち、

$a+(-a)=0$

演算×には単位元（これを1で示す）が存在する。すなわち、

$a\times1=1\times a=a$

どんな元にも演算×に対して逆元（これをa^{-1}で示す）が存在する。すなわち、

$a\times a^{-1}=1$

この最後の条件は分数と実数には成り立つが、1を除いて整数には成り立たない。

半導体

〔半導体と呼ばれる〕ある種の金属の電気伝導性――言い換えれば、その金属が含む自由電子の動きやすさ――は、それが置かれている温度および電場に応じて変化するし、また、その結晶の含む不純物によっても変化する。トランジスターは、引き起こされた電流の強さないし電圧を電位差によって操作する仕組みを用いるのだが、それは、何種類もの半導体を結合することで、真空管と同様の整流機能や増幅機能を果たすのである。

非ユークリッド幾何学

古代より幾何学者たちは、ユークリッド『原論』第一巻の定義・公理・公準から、その第五公準を証明しようと試みてきた。第五公準とは次のような内容である。「一本の直線が他の二直線と交差するとき、一方の側にできる内角の和が二直角〔180度〕よりも小さいならば、それらの二直線を際限なく延長したものはそちら側で交わる。」

18世紀初頭、パヴィアのサッケーリは、この問題は、二つの辺が等しく二つの角が直角であるような四角形の考察に帰着するとした。他の二つの角も直角であると仮定するならば、ユークリッドの第五公準を認めることになる。それらが鈍角あるいは鋭角であると仮定するならば、第五公準を否定することになる。鈍角であると仮定すると、一本の直線の外部に位置する平面上の点を通って、その直線に交わらないような直線は一本も引くことはできない。他方、鋭角であると仮定すると、一本の直線の外部に位置する平面上の点を通って、その直線に交わらないような直線は何本も引くことができる。史上初めてサッケーリは、これら二つの仮定のそれぞれを真だと仮定してそこから数々の興味深い帰結を演繹したのではあるが、そのような帰結から〔二つの仮定の〕矛盾を導き出せると考えたのは彼の誤りであった。

ロシア人のニコライ・イワノヴィッチ・ロバチェフスキーは1823年以降、〔サッケーリの〕鋭角仮定に対応する、ユークリッドの公準を満たさない幾何学を展開した。それが、汎幾何学ないし虚幾何学である。ハンガリー人のボヤイ・ヤーノシュは独自に、ユークリッドの公準から独立な「絶対」幾何学を創設した（1832年）。ガウスも含めて他の数学者も、ユークリッドの第五公準を否定する幾何学を無矛盾に展開するというアイデアを同時期に抱いていた。

ヒルベルト空間

常に正の値をとるように定義された「スカラー積」を備えた実数体あるいは複素数体の上のベクトル空間のことである。この「スカラー積」がベクトルのノルムを定める。例えば、通常の実数のベクトル空間の場合、このノルムはベクトルの自乗のスカラー積の平方根である。ここから二つのベクトルの間の距離を、それらの差のノルムとして定義することができる。ヒルベルト空間が完備であるというのは、スカラー積によって定義された計量に対して、あらゆるコーシー列（その任意の二つの項の距離を、ある位から初めて、いくらでも小さくすることができる）が収束するということである。量子論の「波動関数」の空間はそのような空間であり、無限次元を有する。

ホモグラフィー

直線を直線に、平面を平面に写像する変換のこと。一直線からなる空間上では、ある点の座標xは$\frac{ax+b}{a'x+b'}$に変換される（ここでa, b, b'は任意の実数であり、a'はゼロではない）。

マクスウェルの方程式

スコットランドの物理学者ジェームズ・クラーク・マクスウェルは、その著『電気・磁気論』(1873) において、ファラデーとアンペールによって研究された諸現象の説明、および彼らが発見した諸法則を、四つの偏微分方程式からなる非常に対称的な体系へとまとめた。それらの偏微分方程式は、電場と磁場を、また電荷密度と電流密度を結び合わせている。

四色定理

領域同士が（ばらばらに切り離されることなく）隣り合うように区分けされた、無際限に広い平面（あるいは球面）の地図があるとする。比較的簡単に気付くことだが、それらの隣り合う二つの領域が決して同色にならないように色分けするためには、四つの色が必要である。では、常に四つの色だけで十分であろうか。代数的トポロジーに属するこの取るに足らなそうな問題が肯定的に解決されたのは、1977年、しかもコンピューターの助けを借りてのことであった。

ラッセルのパラドックス

論理学者にして哲学者であるバートランド・ラッセルは、基本的な数学的対象を純粋に論理的な概念から構成したが、その後、この数学的対象の最初の土台である集合概念が、自分が規定したままでは矛盾を含むことに気付いた。この矛盾の簡単で直観的な定式を得るためには、集合を「さまざまな品目に言及するカタログ」のように考えてみればよい。カタログの中には、自分自身に言及するものもあるだろうし、そうではないものもあるだろう。しかし、自分自身に言及しない全てのカタログを品目とするカタログ（こうした集合の作り方はラッセルの集合論によって許容される）は矛盾を含む概念なのである。というのも、この超カタログは、その定義からして自分自身に言及できない。しかしながらそうすると、このカタログは〔「自分自身に言及しないカタログ」を全て含んでいるのだから〕自分自身に言及しなければならないことになる…。〔このようにして矛盾に陥るのである。〕

リーマン予想

オイラーによって導入されたゼータ関数とは、複素変数sについての関数$z(s)=\sum_{n=1}^{\infty}n^{-s}$である。この関数は、sの実部が1より大きいときは解析関数であり、s〔の実部〕がゼロより大きいときは、s=1のときのみ無限大に発散する関数へと解析接続できる。ゼータ関数は無限積$\prod(1-p^{-s})^{-1}$（pは全ての素数を亘る）と等しい。ゼータ関数は、実部が−2, −4, ……である素数に対しては0になる（自明な零点）。また、実部が1/2の零点は無限に多くある。これら以外の零点があるか否かについてはまだ証明がなされていない。リーマンは、ゼータ関数の「自明な」零点以外の全ての零点は複素平面上の実部1/2の直線上にある、と予想した。

なお、リーマン予想を証明しようとする試みによって、ゼータ関数が、素数のきわめて神秘的で奥深い諸性質と関わっていることがこれまでに明らかになっている。

連続体仮説

カントール以後、無限を構成するには二つの仕方がある。一つは順序数を用いる仕方で、あらゆる自然数の数え上げの極限移行を出発点にして、この最初の極限を超えて同種の操作が繰り返す。このようにして次々に得られる無限から「アレフ」が得られる。アレフ・ゼロとは、最初の無

限であり、自然数の系列の極限のことである。このようにしてアレフは階層を成すことになる。

他方、基数としての無限集合の最初のもの（可算無限）のすべての部分集合の集合は、連続体と同一視される。連続体とは線分のすべての点の集合であり、例えば0と1の間では、終わりのない小数展開の全てによって表現される。カントールは、そのような部分集合の集合を、元になる集合〔＝可算無限〕と一対一に対応付けることはできないことを示した。それは、〔可算集合よりも〕大きな「濃度」を有するのである。このようにして、無限――この場合は基数としての――を相次いで生み出す方式が得られるのである。

連続体仮説とは、この無限数が、アレフ・ゼロの直後に来るアレフ、すなわちアレフ・ワンに等しい（アレフ・ワンと同じ濃度である）というものである。

参考文献

第一章

【1】 *L'Âge de la science*, vol. 1-3, Paris, Dunod, 1968-1970.

【2】 Collection « L'Âge de la science : lectures philosophiques, 1-5 », Paris, Odile Jacob, 1988-1993.

【3】 Claude Lévi-Strauss, *Les Structures élémentaires de la parenté*, Presses universitaires de France, 1949.〔クロード・レヴィ=ストロース『親族の基本構造』，福井和美 訳，青弓社，2001年〕

【4】 Noam Chomsky, *Syntactic Structures*, The Hague, Mouton, 1957.〔ノーム・チョムスキー『統辞構造論』，福井直樹・辻子美保子 訳，岩波書店，2014年〕

【5】 René Thom, « Le non-dit de la science » *in* N. Witkowski (éd.), *L'état des sciences et des techniques*, Paris, La Découverte, 1991.

【6】 〔アリストテレス『ニコマコス倫理学』，アリストテレス全集第15巻（新版）所収，神崎繁 訳，岩波書店、2014年〕

第二章

【7】 〔アリストテレス『形而上学』上下巻，出隆 訳，岩波書店（岩波文庫），1959-1961年〕

【8】 〔アグリコラ『近世技術の集大成：デ・レ・メタリカ――全訳とその研究』，三枝博音 訳著・山崎俊雄 編，岩崎学術出版社、1968年〕

【9】 Olivier de Serres, *Le Théâtre d'Agriculture et mesnage des champs*, Paris, Jamet Mettayer, 1600.

【10】 Archimède, *Œuvres*, texte établi et traduit par Charles Mugler, Paris, Belles Lettres, 4 tomes, 1970-1972.

【11】 Philippe de La Hire, *Traité des épicycloïdes et de leurs usages dans les mécaniques* in *Mémoires de mathématique et de physique*, Paris, Imprimerie Royale, 1694, p. 1-78.

【12】 Bernard Renau d'Eliçagaray, *Théorie de la manœuvre des vaisseaux*, Paris, Estienne Michallet, 1689.

【13】 Jean Bernoulli, *Essai d'une nouvelle théorie de la manœuvre des vaisseaux*, Basle, J. G. König, 1714.

【14】 Leonhard Euler, *Scientia navalis*, Petropoli, Typis Academiae Scientiarum, 1749.

【15】 Pierre Bouguer, *Traité du navire, de sa construction et de ses mouvements*, Paris, Jombert, 1746.

【16】 Pierre Bouguer, *De la manœuvre des vaisseaux*, Paris, H.-L. Guérin & L.-F. Delatour, 1757.

【17】 Jean-Antoine Chaptal, *Chimie appliquée aux arts*, Paris, Déterville, 4 vol., 1807.

【18】 *Encyclopédie ou Dictionnaire raisonné des sciences, des arts et des métiers*, mis en ordre et publié par Denis Diderot et Jean Le Rond d'Alembert, Paris, Briasson, David, Le Breton & Durand, 1751-1772.〔ディドロ, ダランベール編『百科全書：序論および代表項目』, 桑原武夫 訳編, 岩波書店（岩波文庫), 1971年〕

【19】 Christiaan Huygens, *Horologium Oscillatorium*, Paris, F. Muguet, 1673.〔「振子時計」, 原享吉 抄訳,『ホイヘンス：光についての論考他（科学の名著第II期第10巻)』所収, 朝日出版社, 1989年, 177-192頁〕

【20】 Nicolas Léonard Sadi Carnot, *Réflexions sur la puissance motrice du feu et les machines propres à développer cette puissance*, Paris, Bachelier, 1824.〔サヂ・カルノー『カルノー・熱機関の研究』, 広重徹 訳・解説, みすず書房, 1973年〕

【21】 Jean Cazenobe, « De Maxwell à Marconi », *Bulletin d'histoire de l'électricité*, n° 5, 1985.

【22】 François Rabelais, *Les Cinq Livres des faits et dits de Gargantua et Pantagruel* [1532-1564], Paris, Gallimard, 2017.〔フランソワ・ラブレー『ガルガンチュアとパンタグリュエル』, 宮下志朗 訳, 全5巻, 筑摩書房（ちくま文庫), 2005-2012年〕

【23】 Gilles-Gaston Granger, *Essai d'une philosophie du style*, 2e éd., Paris, Odile Jacob, 1988.

【24】 Frederick Winslow Taylor, *The Principles of Scientific Management*, New York and London, Harper & Brothers, 1911.〔フレデリック・W・テイラー『科学的管理法：マネジメントの原点』, 有賀裕子 訳, ダイヤモンド社, 2009年〕

第三章

【25】 Paul Feyerabend, *Against Method: Outline of an Anarchist Theory of Knowledge*, Atlantic Highlands, Humanities Press, 1975.〔ポール・ファイヤアーベント『方法への挑戦』, 村上陽一郎・渡辺博 訳, 新曜社, 1981年〕

【26】 Paul Feyerabend, *Realism, Rationalism and Scientific Method: Philosophical papers*, Vol. 1, Cambridge, Cambridge University Press, 1981.

【27】 René Descartes, *Discours de la méthode*, *in* A. Bridoux (éd.) *Oeuvres et Lettres*:, Bibliothèque de la Pléiade, Paris, Gallimard, 1937.〔デカルト『方法序説ほか』, 野田又夫ほか 訳, 中央公論新社, 2001年〕

【28】 Pierre Duhem, *La Théorie physique. Son objet et sa structure*, Paris, Chevalier & Rivière, 1906.〔ピエール・デュエム『物理理論の目的と構造』, 小林道夫・熊谷陽一・安孫子信 訳, 勁草書房, 1991年〕

【29】 Gottfried W. Leibniz, „Leibniz an Jean Gallois Ende Oktober 1682“, *Sämtliche Schriften und Briefe*, Reihe 2, Philosophischer Briefwechsel, Bd.1, Berlin, Akademie-Verlag, 2006.

【30】 Gottfried W. Leibniz, „Leibniz an Hermann Conring 19. (29.) März 1678“, *Sämtliche Schriften und Briefe*, Reihe 2, Philosophischer Briefwechsel, Bd.1, Berlin, Akademie-Verlag, 2006.

【31】 Norwood R. Hanson, « Y a t-il une logique de la découverte scientifique ? » in Pierre Jacob (éd.) *De Vienne à Cambridge: l'héritage du positivisme logique*, Paris, Gallimard, 1980

【32】 Louis-Bernard Guyton de Morveau, « Mémoire sur les dénominations chimiques, la nécessité d'en perfectionner le système, et les règles pour y parvenir », *Observations sur la physique, sur l'histoire naturelle et sur les arts*, 19, janvier 1782, pp. 370-382.

【33】 Antoine Lavoisier, Louis-Bernard Guyton de Morveau, Claude-Louis Berthollet, Antoine-François Fourcroy, *Méthode de nomenclature chimique*, Paris, Cuchet, 1787.〔ラボアジエ『化学命名法』, 田中豊助・原田紀子・牧野文子 訳, 内田老鶴圃, 1976年〕

【34】 Jöns Berzelius, « Essai sur la nomenclature chimique », *Journal de Physique, de Chimie, d'Histoire Naturelle*, vol. LXXIII, 1811, pp. 253-286.

【35】 Bonaventura Cavalieri, *Geometria indivisibilibus continuorum nova quadam ratione promota*, 1635, Bononiae, Ferronij, (2é éd., 1653, Ducijs).

【36】 Isaac Newton, "An Account of the Book entitled *Commercium Epistolicum Collinii & aliorum, De Analysi promota;* published by order of the Royal-Society, in relation to the Dispute between Mr. Leibnitz and Dr. Keill, about the Right of Invention of the Method of Fluxions, by some call'd the Differential Method", in *Philosophical Transaction of the Royal Society of London*, vol. 29, 1714-1716, pp. 173-224.

【37】 Joseph Sneed, *The Logical Structure of Mathematical Physics,* Reidel, Dordrecht, 1971.

【38】 Hartry Field, *Science Without Numbers: A Defense of Nominalism*, Princeton, Princeton University Press, 1980.

第四章

【39】 〔『エウクレイデス全集第2巻：原論VII-X』, 斎藤憲 訳・解説, 東京大学出版会, 2015年〕

【40】 Pierre Laszlo, *Logique de la synthèse organique*, Paris, École polytechnique, 1988.

【41】 *Encyclopædia universalis France*, Paris, Encyclopædia universalis, 1990.

【42】 Galilée, *Discours et démonstration mathématiques concernant deux sciences nouvelles* [1638], introduction, traduction et notes par Maurice Clavelin, Paris, Armand Colin, 1970. 〔ガリレオ・ガリレイ『新科学対話』上下巻, 今野武雄・日田節次 訳, 岩波書店（岩波文庫）, 1937-1948年〕

【43】 Issac Newton, *The Mathematical Principles of Natural Philosophy* [1687], translated into English by Andrew Motte, London, Benjamin Motte, 1729. 〔ニュートン『自然哲学の数学的諸原理』, 河辺六男 訳, 中央公論社, 1971年〕

【44】 Karl Popper, *The Logic of Scientific Discovery*, London, Hutchinson, 1959.〔*La logique de la découverte scientifique*, trad. fr. par Nicole Thyssen-Rutten & Philippe Devaux, Paris, Payot, 1973 ; カール・ライムント・ポパー『科学的発見の論理』上下巻, 大内義一・森博 訳, 恒星社厚生閣, 1971-1972年〕

【45】 Jacobi Bernoulli, *Ars conjectandi*, Basileae, Impensis Thurnisiorum fratrum, 1713.

第五章

【46】 Sigmund Freud, *Œuvres complètes - psychanalyse* - vol. III : 1894-1899, Paris, Presses universitaires de France, 1989.〔ジークムント・フロイト「ヒステリーの病因論のために」, 芝伸太郎 訳, 新宮一成 監訳『フロイト全集』第3巻所収, 岩波書店, 2010年〕

【47】 Jean Piaget, « Assimilation et connaissance », in *Etudes d'épistémologie génétique*, vol. 5, Paris, Presses universitaires de France, 1958, pp. 49-108.

【48】 Émile Durkheim, *Le Suicide*, Paris, Félix Alcan, 1897.〔エミール・デュルケーム『自殺論』, 宮島喬 訳, 中央公論社, 1985年〕

【49】 Léon Walras, *Éléments d'économie politique pure; ou, Théorie de la richesse sociale*, Lausanne, L. Corbaz, 1874.〔レオン・ワルラス『純粋経済学要論』, 久武雅夫 訳, 岩波書店, 1983年〕

【50】 John Maynard Keynes, *The General Theory of Employment, Interest and Money*, London, Palgrave Macmillan, 1936.〔ジョン・メイナード・ケインズ『雇用・利子および貨幣の一般理論』上下巻, 間宮陽介 訳, 岩波書店, 2008年〕

【51】 Ferdinand de Saussure, *Cours de linguistique générale*, Paris, Payot, 1916.〔フェルディナン・ド・ソシュール『新訳ソシュール一般言語学講義』, 町田健 訳, 研究社, 2016年〕

【52】 "Roman Jakobson, Gunnar Fant, Morris Halle, Preliminaries to speech analysis: The distinctive features and their correlates", in *Technical Report* 13, Acoustics Laboratory Massachusetts Institute of Technology, 1952.〔ヤコブソンほか『音声分析序説弁別的特徴とその関連量』, 竹林滋・藤村靖 訳, 研究社, 1980年〕

【53】 Jean-Michel Berthelot, *L'Intelligence du social : le pluralisme*

explicatif en sociologie, Paris, Presses Universitaires de France, 1990.

【54】 Gérard Debreu, *Théorie de la valeur : analyse axiomatique de l'équilibre économique* [1959], trad. fr. par J.-M. Comar et J. Quintard, 2ᵉ éd., Paris, Dunod, 1984.〔ジェラール・ドブリュー『価値の理論――経済均衡の公理的分析』, 丸山徹 訳, 東洋経済新報社, 1977年〕

第六章

【55】 Thomas S. Kuhn, *The Structure of Scientific Revolutions*, Chicago, University of Chicago Press, 1962.〔トーマス・クーン『科学革命の構造』, 中山茂 訳, みすず書房, 1971年〕

【56】 *Briefwechsel Cantor-Dedekind*, heraus. von Emmy Noether & Jean Cavaillès, Paris, Hermann, 1937.

原著者による読書案内

Bachelard G., *Le rationalisme appliqué*, PUF, 1949.〔ガストン・バシュラール『適応合理主義』, 金森修 訳, 国文社, 1989年〕

Berthelot J.-M., *L'intelligence du social*, PUF, 1990.

Carnap *et al.*, *Manifeste du Cercle de Vienne*, A. Soulez (dir.), PUF, 1985.〔カルナップその他「科学的世界把握――ウィーン学団」, ヴィクトル・クラーフト『ウィーン学団』, 寺中平治 訳, 勁草書房, 1990年に所収〕

Cazenobe J. De Maxwell à Marconi (*Bulletin d'histoire de l'électricité*, n° 5, 1985.)

Clavelin M., *La philosophie naturelle de Galilée*, A. Colin, 1968.

Dagognet Fr., *Tableaux et langages de la chimie*, Seuil, 1969.

Daumas *et al.*, *Histoire générale des techniques*, PUF, 1965-1968.

Descartes R., *Discours de la méthode*, in *Œuvres*, Edition de la Pléiade, Gallimard, 1952.〔デカルト『方法序説ほか』, 野田又夫ほか 訳, 中央公論新社, 2001年〕

Feyerabend P. K., *Contre la méthode*, Seuil, 1979.〔ポール・ファイヤアーベント『方法への挑戦』, 村上陽一郎・渡辺博 訳, 新曜社, 1981年〕

Granger G. G., *La théorie aristotélicienne de la science*, Aubier, 1976.

——, *Essai d'une philosophie du style*, 2e éd., Odile Jacob, 1988.

Kuhn T. S., *Les révolutions scientifiques*, trad., 1962.〔トーマス・クーン『科学革命の構造』, 中山茂 訳, みすず書房, 1971年〕

Lévi-Strauss, *Les structures élémentaires de la parenté*, Plon, 1949.〔クロード・レヴィ=ストロース『親族の基本構造』, 福井和美 訳, 青弓社, 2001年〕

Séris J.-P., *Machines et communication*, Vrin, 1987.

文庫クセジュ　Q 1016

科学の本質と多様性

2017年10月20日　印刷
2017年11月10日　発行

著　者　ジル=ガストン・グランジェ
訳　者 ©　松田克進
三宅岳史
中村大介
発行者　及川直志
印刷・製本　株式会社平河工業社
発行所　株式会社白水社
東京都千代田区神田小川町 3 の 24
電話　営業部　03 (3291) 7811 / 編集部　03 (3291) 7821
振替　00190-5-33228
郵便番号　101-0052
http://www.hakusuisha.co.jp

乱丁・落丁本は，送料小社負担にてお取り替えいたします．

ISBN978-4-560-51016-2

Printed in Japan

文庫クセジュ

哲学・心理学・宗教

13 実存主義
114 プロテスタントの歴史
193 哲学入門
199 秘密結社
228 言語と思考
252 神秘主義
326 プラトン
342 ギリシアの神託
355 インドの哲学
362 ヨーロッパ中世の哲学
368 原始キリスト教
417 デカルトと合理主義
444 旧約聖書
461 新しい児童心理学
474 無神論
487 ソクラテス以前の哲学
500 マルクス以後のマルクス主義
510 ギリシアの政治思想
519 発生的認識論
525 錬金術
535 占星術
542 ヘーゲル哲学
546 異端審問
558 伝説の国
576 キリスト教思想
592 秘儀伝授
594 ヨーガ
607 東方正教会
625 異端カタリ派
680 ドイツ哲学史
704 トマス哲学入門
708 死海写本
722 薔薇十字団
733 死後の世界
738 医の倫理
739 心霊主義
751 ことばの心理学
754 パスカルの哲学
763 エゾテリスム思想
764 認知神経心理学
773 エピステモロジー
778 フリーメーソン
780 超心理学
789 ロシア・ソヴィエト哲学史
793 フランス宗教史
802 ミシェル・フーコー
807 ドイツ古典哲学
835 セネカ
848 マニ教
854 子どもの絵の心理学入門
862 ソフィスト列伝
866 透視術
874 コミュニケーションの美学
880 芸術療法入門
891 科学哲学
892 新約聖書入門
900 サルトル
905 キリスト教シンボル事典
909 カトリシスムとは何か

文庫クセジュ

910 宗教社会学入門
914 子どものコミュニケーション障害
931 フェティシズム
941 コーラン
944 哲学
954 性倒錯
956 西洋哲学史
960 カンギレム
961 喪の悲しみ
968 プラトンの哲学
973 100の神話で身につく一般教養
977 100語でわかるセクシュアリティ
978 ラカン
983 児童精神医学
987 ケアの倫理
989 十九世紀フランス哲学
990 レヴィ＝ストロース
992 ポール・リクール
996 セクトの宗教社会学
997 100語でわかるマルクス主義
999 宗教哲学
1000 イエス
1002 美学への手引き
1003 唯物論
1009 レジリエンス
1013 うつ病

文庫クセジュ

社会科学

357 売春の社会学
396 性関係の歴史
483 社会学の方法
616 中国人の生活
654 女性の権利
693 国際人道法
694 外科学の歴史
717 第三世界
740 フェミニズムの世界史
744 社会学の言語
746 労働法
786 ジャーナリストの倫理
787 象徴系の政治学
824 トクヴィル
845 ヨーロッパの超特急
847 エスニシティの社会学
887 ＮＧＯと人道支援活動
888 世界遺産
893 インターポール
894 フーリガンの社会学
899 拡大ヨーロッパ
917 教育の歴史
919 世界最大デジタル映像アーカイブ ＩＮＡ
926 テロリズム
936 フランスにおける脱宗教性《ライシテ》の歴史
940 大学の歴史
946 医療制度改革
957 ＤＮＡと犯罪捜査
994 世界のなかのライシテ
1010 モラル・ハラスメント